图 2-1 中国化工信息网

图 2-2 2018Q2—2020Q2e 中国网购市场交易规模

图 4-1 三只松鼠店铺首页

图 4-26 店招

图 4-55 三原色

图 4-56 色相

图 4-57 冷暖色

色相	色彩感受
红色	血气、热情、主动、节庆、愤怒
橙色	欢乐、信任、活力、新鲜
黄色	温暖、透明、快乐、希望、智慧、辉煌
绿色	健康、生命、和平、宁静、安全感
蓝色	可靠、力量、冷静、信用、永恒、清爽、专业
紫色	智慧、想象、神秘、高尚、优雅
黑色	深沉、黑暗、现代感
白色	朴素、纯洁、清爽、干净
灰色	冷静、中立

图 4-58　色彩感受

图 4-59　三只松鼠产品海报

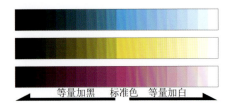

图 4-60　明度变化

图 4-61　明暗程度对比

图 4-62　纯度（饱和度）

图 4-63　白色示例

图 4-64　黑色示例

图 4-65　绿色示例

图 4-66　蓝色示例

图 4-67　红色示例

图 4-68　宋体类示例

图 4-69　黑体类示例

图 4-70　书法体类示例

图 4-71　艺术体类示例　　　　　　　　　图 4-72　主、副标题的搭配示例

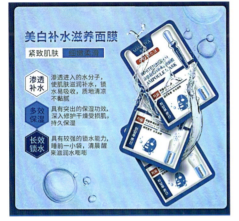

图 4-73　详情页的文字描述示例　　　　　　图 4-74　文字的装饰示例

图 4-75　中心构图示例　　　　　　　　　图 4-76　左文右图示例

图 4-77　韵律式构图示例

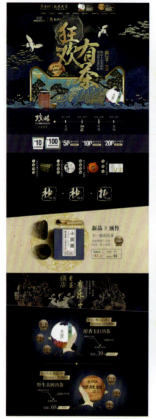

图4-79 对称切割示例

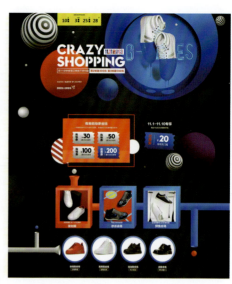

图4-80 组合切割示例

图4-81 多重切割示例

图4-78 简单切割示例

图4-82 主体轮廓示例

图4-83 流程图构图示例

图 4-85 京东经典的大红色示例

图 4-86 京东视觉符号

图 4-87 蕉内视觉符号

图 4-88 三只松鼠视觉符号

图 4-89 科技类商品字体示例

图 4-90 女性类商品字体示例

图 4-91 小米的极简风

图 4-92　花笙记的中国风　　　图 4-93　三只松鼠的"卖萌"风　　　图 6-17　热力图

电子商务运营实务

主　编　王淑华　万　亮

副主编　刘　萍　王　彪　谢　锟

北京理工大学出版社
BEIJING INSTITUTE OF TECHNOLOGY PRESS

内容简介

本书是一部系统的电子商务运营教程,以实践应用为导向,以现代教学理念为指导,从故事引导开始,通过任务驱动展开,从企业岗位需求出发,进行反向设计。本书较详细地介绍了电子商务运营的基础理论、操作方法和一般规律,并提供相应的实践引导,反映了当前从事电子商务运营所需的最核心知识与技能。本书主要内容包括电子商务运营基础、电子商务运营前的准备、电子商务平台的选择与开店、店铺设置与装修、电子商务营销、电子商务数据化管理、电子商务客服管理、电子商务物流管理。本书根据电子商务专业的特点安排大量同步案例、相关拓展知识和课后习题,旨在培养学生分析问题和解决问题的能力,提升学生的理论知识水平和实践技能。

本书可作为职业本科院校和高职高专院校电子商务、工商管理等专业的教材或参考书,也可供相关从业人员报考电子商务师职业资格证书或入职、就业培训时参考。

版权专有 侵权必究

图书在版编目(CIP)数据

电子商务运营实务 / 王淑华,万亮主编. —— 北京:北京理工大学出版社,2022.2(2024.1 重印)

ISBN 978 – 7 – 5763 – 0908 – 9

Ⅰ. ①电… Ⅱ. ①王… ②万… Ⅲ. ①电子商务 – 运营管理 Ⅳ. ①F713. 365. 1

中国版本图书馆 CIP 数据核字(2022)第 015329 号

出版发行 / 北京理工大学出版社有限责任公司	
社　　址 / 北京市海淀区中关村南大街 5 号	
邮　　编 / 100081	
电　　话 /(010)68914775(总编室)	
(010)82562903(教材售后服务热线)	
(010)68944723(其他图书服务热线)	
网　　址 / http://www.bitpress.com.cn	
经　　销 / 全国各地新华书店	
印　　刷 / 涿州市新华印刷有限公司	
开　　本 / 787 毫米×1092 毫米　1/16	
印　　张 / 12.75	责任编辑 / 申玉琴
彩　　插 / 3	文案编辑 / 申玉琴
字　　数 / 304 千字	责任校对 / 刘亚男
版　　次 / 2022 年 2 月第 1 版　2024 年 1 月第 2 次印刷	责任印制 / 李志强
定　　价 / 48.00 元	

图书出现印装质量问题,请拨打售后服务热线,本社负责调换

前　言

为贯彻落实党的二十大精神，更好地适应现代职业教育现状，落实立德树人根本任务，培养造就大批德才兼备的高素质人才，本着"着重职业技术技能训练，基础理论以够用为度"的原则编写了《电子商务运营实务》教材。

电子商务（简称电商）是传统产业转型升级的重要手段之一，由此引发的商业形态变革极大地促进了传统产业的发展。新零售、新营销、新金融将撼动未来商业生态圈，新的商业形态将以更低的成本带来更激烈的竞争，电子商务运营人才培养的模式要顺应这一趋势。

国内电子商务运营实务相关课程的教学内容分化较大，有的侧重网店运营，有的侧重电子商务平台建设。多年的行业接触，让我们对国内外电子商务培训市场和电子商务企业的人才需求有了更清晰的认知。电子商务运营已经成为电子商务等企业开展电商活动的必备环节，同时也是最重要的环节。

在这一趋势下，电商企业要在日益激烈的竞争中脱颖而出，势必要组建优质的运营团队，制定更佳的运营策略。运营人员不仅要了解电商运营的环境和准备，还要掌握具体平台的工作方法、使用技巧、数据分析与运营优化等方面的知识。

本书体系科学，结构严谨，脉络清晰，层次分明，内容新颖，重点突出，主要由电子商务运营基础、电子商务运营前的准备、电子商务平台的选择与开店、店铺设置与装修、电子商务营销、电子商务数据化管理、电子商务客服管理、电子商务物流管理八个项目组成。本书反映了当前从事电子商务运营活动所需的知识与技能，较好地体现了科学性、先进性与前瞻性，每个项目随附的复习题应用性强，有利于学生对知识的理解、掌握和运用，达到知行合一的效果。

为适应教育强国要求，教育在注重大学生专业课程学习的同时，也应重视学生的思想政治教育工作。为此，编写团队努力将思想政治教育元素巧妙融入各知识点，以期达到"润物细无声"的效果。

电商发展日新月异，本书涉及很多实操内容均为目前最新数据与后台展示，感谢整个编委会成员的大力支持与协调，感谢在此过程中所有帮助过此书编写的朋友们以及提出中肯建议的电商从业人员。本书也是不断成长的作品，欢迎有识之士指正。

编　者

目　　录

项目一　电子商务运营基础 ……………………………………………（001）
　【情景描述】…………………………………………………………（001）
　　任务一　认识电子商务企业组织架构………………………………（001）
　　　一、什么是企业组织架构……………………………………………（002）
　　　二、电子商务企业组织架构常见类型………………………………（003）
　　任务二　了解电子商务企业工作岗位………………………………（004）
　　　一、电商总监岗位主要职责…………………………………………（004）
　　　二、运营部岗位主要职责……………………………………………（005）
　　　三、客服部岗位主要职责……………………………………………（005）
　　　四、企划部岗位主要职责……………………………………………（006）
　　　五、供应链部岗位主要职责…………………………………………（006）
　　任务三　分析电子商务运营常见问题………………………………（007）
　　　一、低价误区…………………………………………………………（007）
　　　二、不正当营销………………………………………………………（007）
　　　三、物流两极分化……………………………………………………（008）
　　　四、同质化严重，缺乏创新…………………………………………（008）
　　　五、过度营销推广……………………………………………………（008）
　【效果评价】…………………………………………………………（009）

项目二　电子商务运营前的准备 ………………………………………（011）
　【情景描述】…………………………………………………………（011）
　　任务一　分析网购市场………………………………………………（012）
　　　一、网购市场发展历程………………………………………………（012）
　　　二、市场规模…………………………………………………………（016）
　　　三、未来趋势…………………………………………………………（019）
　　任务二　选择合适的商品……………………………………………（021）
　　　一、是否熟悉该商品…………………………………………………（022）
　　　二、是否有稳定的货源………………………………………………（022）
　　　三、商品客单价是否合适……………………………………………（022）
　　　四、产品利润是否高…………………………………………………（022）

　　　　　五、产品质量是否够好……………………………………………………(022)
　　　　　六、复购率高低……………………………………………………………(023)
　　　　　七、慎选季节性明显、更新换代快的商品……………………………(023)
　　　　　八、商品是否适合物流……………………………………………………(023)
　　　任务三　寻找进货渠道……………………………………………………………(023)
　　　　　一、大型批发市场…………………………………………………………(024)
　　　　　二、厂家货源…………………………………………………………………(024)
　　　　　三、外贸尾货…………………………………………………………………(024)
　　　　　四、品牌库存…………………………………………………………………(024)
　　　　　五、特色产品…………………………………………………………………(025)
　　　　　六、清仓商品…………………………………………………………………(025)
　　　　　七、二手市场…………………………………………………………………(025)
　　　　　八、批发网站…………………………………………………………………(025)
【效果评价】……………………………………………………………………………(026)

项目三　电子商务平台的选择与开店……………………………………………(028)
【情景描述】……………………………………………………………………………(028)
　　　任务一　如何在淘宝开店…………………………………………………………(028)
　　　　　一、淘宝网的特点……………………………………………………………(029)
　　　　　二、店铺类型…………………………………………………………………(029)
　　　　　三、入驻流程…………………………………………………………………(029)
　　　任务二　如何在京东开店…………………………………………………………(031)
　　　　　一、京东的特点………………………………………………………………(031)
　　　　　二、店铺类型…………………………………………………………………(033)
　　　　　三、入驻流程…………………………………………………………………(034)
　　　任务三　如何在拼多多开店………………………………………………………(042)
　　　　　一、拼多多的特点……………………………………………………………(042)
　　　　　二、资质要求…………………………………………………………………(042)
【效果评价】……………………………………………………………………………(045)

项目四　店铺设置与装修…………………………………………………………(046)
【情景描述】……………………………………………………………………………(046)
　　　任务一　掌握店铺的基本设置……………………………………………………(047)
　　　　　一、店铺基本信息管理………………………………………………………(047)
　　　　　二、店铺设置…………………………………………………………………(052)
　　　任务二　了解店铺装修模板的使用………………………………………………(056)
　　　　　一、店铺装修…………………………………………………………………(057)
　　　　　二、店铺装修模块……………………………………………………………(057)
　　　　　三、使用店铺装修模板完成店铺装修………………………………………(066)

任务三　学习店铺个性化设计···(068)
　　　一、店铺设计的前期准备···(068)
　　　二、影响店铺视觉效果的因素···(069)
　　　三、如何做店铺的个性化设计···(083)
　【效果评价】··(089)

项目五　电子商务营销···(091)
　【情景描述】··(091)
　　任务一　官方平台营销···(092)
　　　一、官方平台的营销优势···(092)
　　　二、官方平台的营销形式···(093)
　　任务二　社交网络营销···(099)
　　　一、社交网络营销的特点和优势···(099)
　　　二、社交网络营销的应用分类···(100)
　　任务三　新媒体营销···(101)
　　　一、新媒体营销特点···(101)
　　　二、新媒体营销渠道···(101)
　　　三、新媒体营销形式···(102)
　【效果评价】··(104)

项目六　电子商务数据化管理···(105)
　【情景描述】··(105)
　　任务一　京东数据分析工具平台——京东商智·····························(105)
　　　一、京东商智平台概述···(106)
　　　二、首页和实时数据分析···(108)
　　　三、经营分析···(111)
　　　四、行业大盘分析···(123)
　　　五、竞争分析···(128)
　　　六、报表分析···(129)
　　任务二　淘宝数据分析平台——生意参谋·································(129)
　　　一、生意参谋平台···(130)
　　　二、生意参谋实时数据···(130)
　　　三、生意参谋流量纵横···(132)
　　　四、生意参谋交易分析···(134)
　　任务三　拼多多后台数据中心···(136)
　　　一、拼多多商家后台数据中心···(136)
　　　二、经营总览···(136)
　　　三、商品数据···(137)
　　　四、交易数据···(139)

　　　　五、服务数据……………………………………………………………(140)
　　　　六、流量数据……………………………………………………………(141)
　　　　七、第三方平台——多多情报通…………………………………………(143)
　【效果评价】………………………………………………………………………(148)

项目七　电子商务客服管理…………………………………………………(149)
　【情景描述】………………………………………………………………………(149)
　　任务一　电商客服的基本素养…………………………………………………(150)
　　　　一、电商客服职业素养…………………………………………………(150)
　　　　二、电商客服专业素养…………………………………………………(151)
　　　　三、电商客服考核标准…………………………………………………(154)
　　任务二　售前咨询服务…………………………………………………………(155)
　　　　一、售前客服……………………………………………………………(155)
　　　　二、售前客服的作用……………………………………………………(156)
　　　　三、售前客服必备的技能………………………………………………(157)
　　任务三　售后纠纷处理…………………………………………………………(163)
　　　　一、售后物流问题………………………………………………………(163)
　　　　二、售后退换货问题……………………………………………………(164)
　　　　三、消费者投诉…………………………………………………………(170)
　【效果评价】………………………………………………………………………(174)

项目八　电子商务物流管理…………………………………………………(176)
　【情景描述】………………………………………………………………………(176)
　　任务一　电商物流的仓储………………………………………………………(176)
　　　　一、仓库的种类与设施…………………………………………………(177)
　　　　二、仓库的选址…………………………………………………………(178)
　　　　三、仓储布局……………………………………………………………(180)
　　任务二　仓储信息系统的管理…………………………………………………(183)
　　　　一、条形码技术…………………………………………………………(184)
　　　　二、无线通信技术………………………………………………………(185)
　　　　三、仓储管理信息系统…………………………………………………(189)
　【效果评价】………………………………………………………………………(192)

参考文献……………………………………………………………………………(194)

项目一 电子商务运营基础

情景描述

某世界知名男装品牌,涉及多个领域,推出了许多充满个性魅力的男士服饰系列,在国内受到许多人的欢迎。但是品牌方缺乏电子商务运营经验,网销业务量一直不温不火,主要问题有:主推款商品的转化率不高;店铺只有免费流量,没有任何付费流量;老客户转化弱;店铺的推广渠道太窄。

公司经过研究组建了新的运营团队,运营团队认真分析了行业和自身品牌特点后,通过在众多同行店铺中不断寻找差异化,利用品牌知名度和稳定的工厂货源等优势条件,大力拓宽了推广渠道;通过精细化推广运营,提升了老客户的活跃度;通过参加官方活动,大大增加了曝光率,在2018年"双十一"活动期间,创出销售额1 346万元的佳绩。

思考:
1. 此男装公司为什么要组建新的运营团队?
2. 运营团队的岗位职责有哪些?

任务一 认识电子商务企业组织架构

任务描述

电子商务企业组织架构要积极响应市场和客户的需求。企业战略不同,组织架构的模式和职能也不同。在一定程度上体现了目标管理的组织架构要快速响应市场和客户的需求,组织内部要分工明确,沟通协调信息传递要顺畅、及时,尽量避免多部门同时接触同一个客户。

相关知识

电子商务企业组织架构可分为横向和纵向。横向指的是不同部门之间的组织架构，纵向指的是不同管理级别之间的组织架构。无论是横向还是纵向，沟通交流都是一项必需的工作内容。同级部门之间需要配合和交流，如果没有沟通就无法完成系统内的工作；不同管理级别之间需要对工作内容进行传达、贯彻和执行，如果没有高效的沟通，企业将无法正常运转。

一、什么是企业组织架构

（一）企业组织架构的定义

企业组织架构是一种决策权的划分体系及各部门的分工协作体系。企业组织架构需要根据企业总目标，把企业管理要素配置在一定的方位上，确定其活动条件，规定其活动范围，形成相对稳定的、科学的管理体系。

组织架构是企业流程运转、部门设置及职能规划等最基本的结构依据。没有组织架构的企业将是一盘散沙，组织架构不合理会严重阻碍企业的正常运作，甚至导致企业经营失败；相反，适宜、高效的组织架构能够最大限度地释放企业的能量，使组织更好地发挥协同效应，达到"1+1＞2"的合理运营状态。

电子商务企业组织架构是指电商企业、组织或团队的整体结构形式，具体来讲，则是指企业、组织或团队在管理要求、管控定位、管理模式及业务需求等因素的影响下，根据内部资源、业务流程等形成的职能部门。电商企业要想长久地发展，在激烈的竞争中站稳脚跟，首先要有一个与企业发展相符的组织架构。

（二）电子商务企业组织架构的特点

1. 组织架构扁平化

组织架构扁平化意味着企业打破部门之间的界限，能够把相关人员集合起来，按照市场机制去组织跨职能的工作。组织架构扁平化会大量减少企业的管理层次和管理人员的数量，通过高效率、高速度提高企业的管理水平，降低管理费用。企业组织架构扁平化的趋势一方面是由于企业网络的应用，使企业内外的信息传递更为方便、直接、高效，显著减少了企业不必要的管理层次；另一方面是由于电子商务的应用，使企业的相关部门都能更直接、有效地与客户接触、沟通，减少了决策与行动之间的延迟，使组织的能力变得柔性化，加快了对市场和竞争动态变化的反应。

2. 组织决策的分散化

电子商务的发展，使企业过去高度集中的决策中心组织转变为分散的多中心决策组织。高度集中的决策中心容易造成官僚主义、低效率、结构僵化、沟通壁垒等问题，这些问题在分散的多中心决策组织模式下逐渐消失，企业决策由跨部门、跨职能的多功能型的组织单元来制定。决策的分散化增强了员工的参与感和责任感，从而提高了决策的科学性和可操作性。管理大师彼得·德鲁克认为，未来的典型企业将是一个以知识为基础的，根据大量来自同事、客户和上级的反馈信息进行自主决策、自我管理的各类专家构成的组织。

3. 运作虚拟化

在电子商务的模式下，企业的经营活动打破了时间和空间的界限，出现了一种类似无边界的新型企业，即虚拟企业，它打破了企业之间、产业之间、地域之间和所有制之间的各种界限，把现有资源整合成为一种超越时空、利用电子手段传输信息的经营实体。虚拟企业可以是企业内部几个要素的组合，也可以是不同企业之间的要素组合，参与方可以充分发挥各自的资源优势，围绕市场需求组织生产经营，做到资源共享、风险共担、利益共享。电子商务将使虚拟企业的运作效率越来越高，优势也会越来越明显。

二、电子商务企业组织架构常见类型

电子商务企业组织架构一般分为三种类型，即生产型、贸易型、网商型，如图1-1、图1-2、图1-3所示。

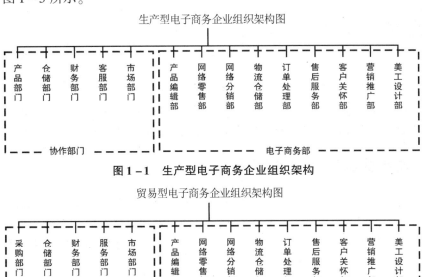

图1-1 生产型电子商务企业组织架构

图1-2 贸易型电子商务企业组织架构

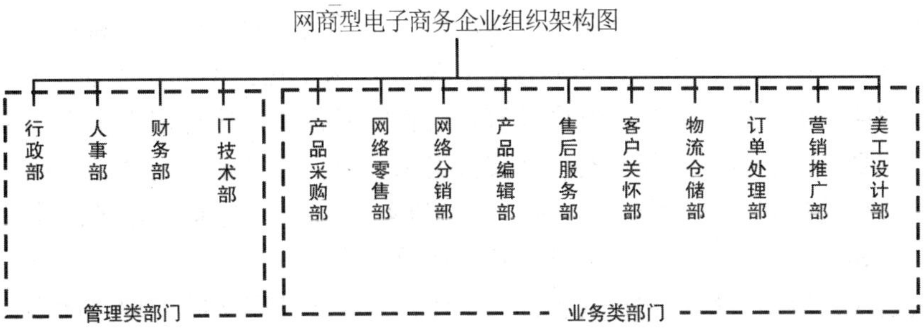

图1-3 网商型电子商务企业组织架构

生产型电子商务企业的货品是由企业内部生产或代理。贸易型电子商务企业需要另外订货，这就需要在电子商务的业务中增加采购部。对于非网商型的企业，除电子商务部以外其他都是协作部门，而对于网商型电子商务企业，其组织架构则分为管理类部门和业务类部门。

任务二　了解电子商务企业工作岗位

任务描述

电商企业工作部门主要包括电商总监、运营部、客服部、企划部、供应链部，各部门人员需要掌握相应的商务理念，高效服务于店铺的客户。

相关知识

岗位所需要完成的工作内容及应当承担的责任范围，可归类于不同的职位范畴。岗位是组织为完成某项任务而确立的，由工种、职务、职称和等级等组成，必须归属于一个人。职责是职务与责任的统一，由授权范围和相应的责任两部分组成。

一、电商总监岗位主要职责

电商总监是电商企业的核心岗位，在一般的中小电商企业中，电商总监通常是整个企业里职务最高的管理者或负责人。整个企业的店铺规划和战略布局，都要依靠电商总监调度和指挥，这就需要电商总监具备很强的综合能力。电商总监的岗位职责主要分为以下几个方面。

（一）管理职责

负责各部门的管理工作，建立、完善各部门工作流程、管理标准并检查落实情况，使各部门在电商总监的管理下相互配合，能够有条不紊地开展工作；负责电子商务部的流程设计、实施与优化，承担电子商务服务团队的建设与管理职能；负责电商卖家在线平台的整体规划及推广，确定平台建设方案并落实；根据市场变化，不断调整企业的经营方向，使企业持续健康发展；按企业管理制度及管理流程完成各项审核与审批工作；组织编制企业总体经营规划，制定业务发展策略，并安排组织实施；负责企业网站、企业商城店铺及合作商家整体设计规划和运营推广指导，制定和实施网络营销推广方案，并进行统筹控制；负责行业相关数据分析、总结网站运营费用及预算管理、执行；负责召集和主持企业总经理办公会议，协调、检查和督促各部门工作；负责运营团队的管理与激励，协同其他部门共同达成平台运营目标。

（二）销售职责

制定和规划企业经营目标与经营策略，根据经营目标，统筹销售计划方案，监督实施销售全过程，完成销售任务；对企业的销售额和销售利润负责，提升企业的销售业务，组织完善企业业务营销体系，负责平台的品牌建设及各种商务合作的推进与达成；负责确定企业的年度财务预算、决算方案，利润分配方案和弥补亏损方案；按时监控营销数据、交易数据、商品管理、顾客管理。

（三）文化职责

提出企业经营理念，主导企业文化建设的基本方向，为企业创造良好的工作氛围；培养员工归属感，提升企业的向心力、凝聚力、战斗力；负责企业整体团队建设，逐年提升企业员工的综合素质和专业水平。

二、运营部岗位主要职责

（一）运营推广职责

联系客户洽谈资源互换、广告互换、链接互换、内容合作，整合各种推广渠道，开展深度合作；安排全店铺或新品营销推广活动；设定推广预算及 ROI（Return on Investment，投资回报率）；实时跟踪电商平台生意参谋等数据软件的数据情况，为店铺提供详细的市场销售分析报告；每日跟踪分析店铺潜力商品的排名，采取合适的推广手段；研究、分析各种推广手段的方式及效果，分析竞争对手的推广方式和效果；定期针对推广效果进行跟踪、评估，提交推广效果的统计分析报表，并给出切实可行的改进方案；负责所有营销数据的市场分析、研究、判断，制订符合品牌成长的营销推广计划，如京准通、直通车等营销推广工具的使用；根据流量指标，通过直通车、钻展、活动等手段，提高店铺流量，在增强营销效果的同时降低费用；优化商品关键词、库存和商品线（引流款、热销款、利润款、形象款），并根据实际情况微调店铺的经营方向；规划店铺的商品线，并根据行业和店铺的数据制订推广的方案；在推广的过程中，根据商品推广的数据和行业的动向，做出调整和优化。

（二）活动策划职责

执行与配合相关的营销活动，策划店铺促销活动方案；负责线上商城的活动和专题的策划，制订各类促销方案，实施和把控活动效果；撰写活动提案、执行细案、执行流程、项目时间推进表，预估活动效果，并推进执行；协调团队成员，监督客服与美工，推进店铺营销活动，保持网店的正常运作。

三、客服部岗位主要职责

（一）售前客服职责

通过咚咚、旺旺等聊天工具及时专业地解答客户关于商品的疑问，推荐合适的商品；

负责确认客户资料及订购信息；按要求拆分、合并订单，修改邮费、价格、收货地址等；及时添加客户订单备注；熟悉商品知识，及时关注、反馈库存状态及咨询中遇到的各种问题；了解、分析咨询未购买客户的潜在需求，并进行维护，尽力争取每位到店客户的订单；负责收集客户信息，了解并分析客户需求，为客户提供专业导购意见。

（二）售后客服职责

跟进订单，解决客户物流插件、催件，并进行登记、反馈和跟进；解决售后纠纷和投诉，及时登记处理，协助沟通、解决客户遇到的问题；建立客户档案、质量跟踪记录等售后服务信息管理系统，对老客户进行分类；处理售后相关的衔接与解释工作，设身处地地为客户着想，并与其他部门及时协调，对特殊事件要特殊对待、处理，做好支持与配合工作。

四、企划部岗位主要职责

（一）设计（师）职责

负责品牌整体形象的创意设计，把握店铺的整体风格和视觉呈现，提升网站的整体视觉效果；负责店铺页面素材的制作和美化加工，有良好的审美观、对色彩敏感，能够处理各种视觉冲突；负责企业电商各渠道的整体形象设计、商品展示设计、详情页优化、整体布局、活动推广等；负责商品处理，对上架商品的图片进行美化；根据运营制订的促销计划、活动策划，设计相关广告图片、Banner（导航栏图片）、海报等；负责企业宣传广告及企业画册设计；负责商品包装设计、包装结构设计等。

（二）文案职责

负责电商店铺页面（首页、二级页和商品页）的创意构思和文案撰写；撰写店铺活动的主题文字和修饰软文；负责店铺微博、微信等新媒体平台的内容输出，各渠道推广媒介文字信息的编辑、发布；撰写、发布宣传推广文案和宣传资料文案；配合公司商品，对商品信息文字进行编辑；负责完成多种传播渠道的文字创意、校对等工作。

五、供应链部岗位主要职责

（一）仓储职责

负责仓库货物的保管、验收、入库、出库等工作；保护仓库的仓储环境，确保库存货物的质量；合理安排货物在仓库内的存放次序，分区堆码；负责公司的存货管理、货物调配及货物的收、发、存等工作，实时反映库存数据，保证库存盘点与系统数据的一致性，确保库存数量的准确性，提高仓储运作效率；制订仓储部门的整体预算方案，审核及控制仓储成本。

（二）物流职责

根据平台订单与库房情况及时制作相关数据报表；对公司销售商品类型、数量、损耗等信息进行记录、汇总，并周期性地汇报给相关部门；发货前对商品外包装、赠品进行检查；遇到特殊情况无法完成商品的物流配送时，及时配合客服与客户进行沟通；将物流配送至客户处，收集、整理并分析客户需求信息；负责电商货物分拣、商品配货、搬运出库、打包等相关工作；售后退换货的登记，换货的补发、跟踪，及时处理客户的返修货物。

任务三 分析电子商务运营常见问题

任务描述

随着电子商务的迅速发展，很多中小企业都涌入电商行业，经过市场的规范和行业的大洗牌，许多商家会面临各种瓶颈问题，如果不正视问题，就会被淘汰。所以，针对当前行业的发展趋势，本书总结了几个大多数运营商都会面对的问题，如果在运营过程中能避免或解决这些问题，将在很大程度上改变电商企业未来的命运。

相关知识

电子商务作为一种新的营销方式，发展速度迅猛，使传统商业模式借助互联网实现了一场经济领域的革命，但随之而来的是猖獗的假冒伪劣商品、逃避税收征管、消费者权益受损、知识产权侵权等一系列问题。

一、低价误区

大部分电商企业宣传的法宝是以全网最低价方式吸引消费者眼球。

网上购物的消费者大多想买到质量好、价格便宜的商品，有的卖家就抓住客户喜欢物美价廉的心理，刻意地把价格调低，以此来吸引消费者消费。虽然低价确实能达到曝光和引流的效果，也能够在短时间内为商家带来效益，但如果一味奉行低价竞争不断压缩商品成本，有的卖家不堪其负，就会把一些质量不合格的商品包装后出售，给消费者带来一定的使用风险。这样的后果会使消费者流失，即便价格再低也不再继续回购商品。

因此，建议电商企业进行商品宣传时，不要只靠低价吸引消费者以免造成最终的失败。

二、不正当营销

为牟取利益，部分电商企业会使用假促销等不正当营销手段，从而导致整个市场恶性发展。

某些电商企业在进行营销推广时，投入的资金成本非常大，特别是为了与同行比商品、比价格，比谁的优惠政策更大，他们会把单笔成交利润降到很低，从而吸引消费者购买。虽然这给企业带来了一定的收益，但是长久的恶意竞争会导致有促销的商品卖得好，没促销的几乎卖不出去。一旦形成这种模式，企业就不得不进行运营上的调整，把商品原本的价格调至很高，使其与非常低的促销价格形成对比，给消费者一种非常实惠的错觉。实际上这是一种假促销，加速了整个行业市场的恶性循环发展，损害了广大消费者的利益。

三、物流两极分化

物流出现大城市与乡镇的两极分化，使得电商企业在乡镇发展难度颇大。

近几年，几乎所有电商企业都对商品物流的问题进行了极大改进，以便能快速送至消费者手中，这确实满足了一些城市的消费者对送货速度的要求；但许多乡镇的送货情况还是不能被消费者认同。对中小电商企业而言，物流缓慢严重阻碍了乡镇业务的进一步发展。另外，部分物流或快递公司为了追求更快的物流速度，会出现货物受损、服务质量下降等问题，消费者通常把这部分责任归于电商企业，因而不好的购物体验和消费者评价也由此产生。

四、同质化严重，缺乏创新

商品同质化、网站无创新、消费者交互体验不佳等问题，严重影响了电商企业的竞争力。经常在网上购物的消费者，会发现许多电商企业的商品信息基本一样，网站的内容、功能等如出一辙，这不仅给消费者造成了不好的购物体验；而且对于企业自身来说，与同行相比无明显优势、网站无创意元素、消费者交互体验差等问题还会导致企业丧失竞争力，无法通过消费者的口耳相传建立自己的品牌，这对企业后期运营发展非常不利，极有可能遭遇消费者流量转化的瓶颈。如牙膏，它能满足的需求有哪些呢？一般的商家和消费者首先想到的就是美白、抗过敏、清除异味等功能，而 Power Toothpaste 公司曾推出一款含咖啡因的牙膏，主要解决消费者早上犯困的问题。当消费者使用该款牙膏刷牙时，可以让口腔黏膜与舌头在短短十秒内快速吸收牙膏内的咖啡因，迅速使整个人精神满满。

打败同质化的核心就是打破固化思维，电商企业在运营发展的过程中只有不断创新，建立独具特色的电商生态系统，才能够使企业长期可持续性地健康发展。

五、过度营销推广

过度营销推广是指过分偏重营销推广，忽略商品质量及服务提升，如频繁使用概念战或价格战、大量投放广告、各种促销战术的不间断执行等。过度营销推广会导致大量资金被浪费，不但不能产生预期的效果，还会大大拉低盈利目标。

在中小电商企业运营发展过程中，营销推广貌似能给企业带来源源不断的流量和订单，从而实现商品盈利和业务发展。然而，实际情况并不理想，据统计调查，许多中小电商企业在运营工作中，花费巨大的财力、人力成本进行商品的营销推广，但忽略了商品质量及售后服务等方面的提升，使许多消费者购买商品后无复购，很难达到较高的客户忠诚度，这对企业长远运营发展非常不利。新客户无法向老客户转化，是目前大多数电商企业面临的流量转化瓶颈。

理性决策是预防和纠正过度营销推广的首要举措,应避免由于决策者头脑发热造成不必要的损失。

课堂思政

在电子商务运营工作中,要遵守国家法律法规,遵循市场经济发展规律,严禁恶性竞争影响市场经济的稳定发展。在研发商品的同时,积极创新,吸收新技术和新思维,提升用户的满意度。

项目总结

随着我国网络技术普及率的日益提高,通过网络进行购物、交易、支付等电子商务新模式迅速发展。电子商务凭借其低成本、高效率的优势,不但受到普通消费者的青睐,还帮助中小企业寻找商机、赢得市场。电子商务已成为我国转变发展方式、优化产业结构的重要动力。

当前电商市场并购不断,市场集中程度进一步加强。"互联网+"和"供给侧改革"为电子商务提供巨大的发展空间,技术创新、模式创新、应用创新驱动互联网经济快速发展。"十四五"时期,我国电子商务市场仍将持续发展,潜力巨大。

效果评价

一、填空题

1. 电商企业组织架构的特点是(   )、(   )和(   )。
2. 电商企业一般分为三种类型,即(   )、(   )和(   )。
3. 电商企业工作部门主要包括(   )、(   )、(   )、(   )、(   )五个部门。
4. 电子商务运营常见问题主要有(   )、(   )、(   )、(   )、(   )。
5. 客服部有(   )、(   )等职责。

二、选择题

1. 以下不属于电商总监岗位主要职责的是(   )。
   A. 管理职责
   B. 销售职责
   C. 文化职责

D. 运营职责
2. 在规划店铺的商品时，一般将店铺内商品分为（　　）。
   A. 引流款、热销款、利润款、形象款
   B. 引流款、热销款、利润款、主打款
   C. 引流款、竞争款、利润款、形象款
   D. 引流款、热销款、潜力款、形象款
3. 运营部岗位主要职责有（　　）。
   A. 运营推广
   B. 售后客服
   C. 文案编辑
   D. 主图设计

三、简答题

1. 电商企业组织架构的定义是什么？
2. 电商总监的岗位职责主要分为哪几个方面？
3. 谈一谈低价在电商运营过程中的负面作用。

项目二

电子商务运营前的准备

情景描述

2020年10月26日，天猫正式发布新一代"天猫双十一全球狂欢季"，代号"双节棍"。此次升级最大的变化是：活动不只在11月11日这一天举行，消费者可分两波购买，11月1日至3日是第一波，11月11日为第二波。这意味着，2020年"双十一"比往年多了3天，消费者从11月1日起就可以付预售商品的尾款，提前10天收到货。

11月11日0点0分，天猫"双十一"第二场活动正式开启。天猫官方数据显示，开场30分钟，实时成交额就突破3 723亿元，超过2019年全天成交额，再创新高。开场35分钟，342个品牌成交额超过亿元！

2020年淘宝直播数据显示，商家直播GMV（Gross Merchandise Volume，商品交易总额）占比超六成，直播覆盖数增长220%，淘宝直播带动就业机会超400万个，2020年有超300位明星、400位总裁走进直播间。同时，订单峰值亦创下新纪录。11月11日0点26秒，天猫"双十一"的订单峰值达到58.3万笔/秒，是2009年第一次天猫"双十一"的1 457倍，也是全球最大流量洪峰。天猫对外宣布，2020年天猫"双十一"全球狂欢季实时物流订单量破22.5亿单，约等于2010年全年中国快递量的总和。

天猫成交数据从2016年的1 200多亿到2017年的1 600多亿，到2018年的2 100多亿，再到2019年的2 600多亿，2020年，已经突破3 000多亿。通过数据可以看出，每年的数据都在不断上升，线上购物的趋势在持续上涨，未来很可能不断突破历史纪录。

根据京东官方公布的数据，2020年11月1日00：00时至11月11日23：59，京东"双十一"累计下单金额超2 715亿元，24小时覆盖全国92%区县和83%乡镇。较2019年京东"双十一"累计下单金额2 044亿元增长超32%，再次创造了新纪录。"双十一"期间，很多人都关注成交额这一点。就近几年的数据来看，其一直都处于上升趋势，可见国人的消费能力比较强，同时对物质的需求也越来越明显。

思考：
1. 电子商务未来的发展趋势怎样？
2. 现在加入电商行业应该如何选品？
3. 市面上有哪些货源渠道？

任务一 分析网购市场

任务描述

网络购物（以下简称"网购"）是这个时代的产物，更是互联网发展给人们带来的巨大利益。经过20多年的发展，网购已经影响到每一个人的生活，它能为消费者和商家带来诸多的便利和实惠，同时也在不断地改变着人们的生活方式。网购未来的发展方向及方式如何，我们不得不研究和思考！

相关知识

电子商务产生于20世纪60年代，发展于20世纪90年代。近年来，我国网民数量和网购用户数量都在持续增加，消费者更趋向通过手机客户端进行网购。在当前B2C（Business to Consumer，直接面向消费者销售商品和服务的商业零售模式）市场中，天猫的份额位居第一，在当前市场中继续保持寡头的局面。天猫、京东等平台电商已经形成相对稳定的消费群体，进一步压缩了规模较小的电商生存空间。

一、网购市场发展历程

（一）萌芽期（1997—1999年）

1997年，中国化工信息网正式在互联网上提供服务，开拓了网络化工的先河，是全国第一个介入行业网站服务的国有机构，也是目前国内客户量最大、数据最丰富、访问量最高的化工网站。中国化工信息网页面如图2-1所示。

图2-1 中国化工信息网

1997年12月，中国化工信息网（英文版）上线，成为国内第一家垂直B2B（Business to Business，指企业与企业之间通过专用网络，进行数据信息的交换、传递，开展交易活动的商业模式）电子商务网站。

1999年3月，马云在杭州城郊湖畔花园建立了阿里巴巴电子商务网站。在简陋的办公室，马云对全体员工定下了三个目标：第一，我们要建立一家生存80年的公司；第二，我们要建立一家为中国中小企业服务的电子商务公司；第三，我们要建成世界上最大的电子商务公司，进入全球网站排名前十位。

1999年5月，"中国电子商务第一人"王峻涛创办"8848"网站，该网站标志着国内第一家B2C电子商务网站正式成立。

1999年8月，邵亦波和来自哈佛的校友创办"易趣网"，是主打海外代购的电子商务网站，填补了中国C2C电子商务平台的空缺，翻开了中国电子商务发展史的重要一页。

1999年11月，中国第一家网上书店当当网由李国庆和俞渝共同创建。

1999年12月，中国建设银行在北京宣布推出网上支付业务，成为国内首家开通网银的国有银行。

（二）调整期（2000—2002年）

"千禧年"是中国网购市场发展的一个关键时段，大批量的电商涌入市场，各大互联网企业经过几年的发展，使越来越多的消费者对网络购物有了初步的认知。

2000年春节前后，正值国民置办年货的旺季，中国B2C电子商务迎来了第一个节日网购销售高峰。

2000年4月，慧聪网依托其核心互联网产品——买卖通及其雄厚的传统营销渠道——慧聪商情广告与中国资讯大全、研究院行业分析报告，为客户提供线上线下的全方位服务。

2000年5月，由联想和金山共同投资组建的卓越网成立，主营音像、图书、软件、游戏、礼品等时尚文化商品，是我国早期B2C网站之一。

2000年12月，软银投资2 000万美元与阿里巴巴集团结盟。

2001年7月，中国人民银行颁布《网上银行业务管理暂行办法》，旨在规范和引导中国网上银行业健康发展，防范银行业务经营风险，保护银行客户的合法权益。

2001年11月，中国电子政务应用示范工程通过论证，标志着中国向"电子政府"迈出了重要一步。

2000年，中国电子商务交易总额达700亿元。

2001年，中国电子商务交易总额达1 200亿元，同比增长约71%。

2002年，中国电子商务交易总额达1 900亿元，同比增长约58%。

（三）复苏期（2003—2005年）

2003年5月，阿里巴巴集团投资1亿元成立淘宝网，进军C2C（Consumer to Consumer，指消费者与消费者之间的消费活动）。随后几年，淘宝网逐渐改变国内C2C市场格局，网购理念与网民网购消费习惯也进一步改变。

2003年6月，美国eBay网以1.5亿美元收购易趣剩余67%股份，国内最大C2C企业由此被外资全盘并购。

2003年10月，阿里巴巴集团推出"支付宝"，致力于为网络交易用户提供基于第三方担保的在线支付服务平台，正式进军电子支付领域。

2004年，阿里巴巴集团与英特尔合作建设中国首个手机电子商务平台。

2004年1月，阿里巴巴集团董事局主席马云正式提出"网商"概念。

2004年6月，"首届网商大会"在杭州举办。

2004年8月28日，第十届全国人民代表大会常务委员会第十一次会议表决通过了《中华人民共和国电子签名法》（以下简称《电子签名法》），该法2005年4月1日起施行，旨在规范电子签名行为，确立电子签名的法律权益，促进电子商务和电子政务的发展，增强交易的安全性。

2004年年底，由时任国务院总理温家宝主持的信息化领导小组第四次会议，讨论了《关于加快电子商务发展的若干意见》。

2005年2月，支付宝推出保障用户利益的"全额赔付"制度，开国内电子支付的先河；当年7月又推出"你敢用，我敢赔"的支付联盟计划。

2005年4月1日，《电子签名法》正式施行，奠定了电子商务市场良好发展的基础，也是中国信息化领域的第一部法律。

2005年4月，中国电子商务协会政策法律委员会组织有关企业起草的《网上交易平台服务自律规范》正式对外发布。

2005年10月26日，中国人民银行出台《电子支付指引（第一号）》，全面对电子支付中的规范、安全、技术措施、责任承担等进行了规定。

2003年，中国电子商务交易总额达2 700亿元，同比增长约42%。

2004年，中国电子商务交易总额达4 800亿元，同比增长约78%。

2005年，中国电子商务交易总额达7 400亿元，同比增长约54%。

（四）发展期（2006—2007年）

2006年3月，"第一届中小企业电子商务应用发展大会"在北京举行。

2006年5月，阿里巴巴集团正式对外宣布，在淘宝上推出B2C业务淘宝商城"天猫"。天猫是中国线上购物的地标网站，亚洲最大的综合性购物平台。

2007年7月，京东建成北京、上海、广州三大物流体系，一个月后获得"今日资本"首批投资千万美元。

2007年12月17日，国家商务部公布了《商务部关于促进电子商务规范发展的意见》，该意见是为促进电子商务规范发展，引导交易行为。

2006年，中国电子商务交易总额达1.28万亿元，同比增长约73%。

2007年，中国电子商务交易总额达2.17万亿元，同比增长约70%。

（五）转型期（2008—2016 年）

2008 年，电子商务迎来里程碑式的发展。数据显示，这一年中国网购交易规模突破千亿元，达 1 281.8 亿元，仅淘宝就达到 999.6 亿元。同样是 2008 年，大洋彼岸的一场金融危机迅速升级并席卷全球，中国经济也不可避免地受到影响。

2009 年，受金融危机影响及电子商务的发展，越来越多长期主攻线下的传统企业，开始深耕细作网购平台。制造行业如方正、联想、海尔，家电零售行业如苏宁、国美，食品行业如中粮，服装行业如李宁、七匹狼等，带领中国传统企业开启电子商务营销的篇章。

2010 年 1 月，苏宁旗下电子商务平台苏宁易购网正式上线；国美也正式进军电子商务领域。

2014 年 1 月，百度收购糯米网。

2014 年 2 月，阿里巴巴集团收购高德；同年同月，腾讯入股大众点评。

2014 年 3 月，腾讯入股京东。

2014 年 4 月，阿里巴巴集团入股优酷土豆。

2014 年 5 月，聚美优品在美国纽约交易所挂牌上市，同月京东在美国纳斯达克正式挂牌上市。

2014 年 6 月，阿里巴巴集团并购 UC 优视；同年同月，腾讯入股 58 同城。

2014 年 8 月，腾讯、万达、百度成立万达电子商务公司进军 O2O（Online to Offline，指线上营销、线上购买带动线下经营、线下消费）。

2014 年 9 月，阿里巴巴集团在美国纽约证券交易所挂牌上市。

2015 年 2 月，滴滴与快的合并。

2015 年 4 月，58 同城与赶集网合并。

2015 年 5 月，携程网收购艺龙网。

2015 年 8 月，苏宁易购入驻天猫。

2015 年 10 月，大众点评与美团合并；同年同月，携程网与去哪儿网合并。

2008 年，中国电子商务交易总额达 3.1 万亿元，同比增长约 43%。

2009 年，中国电子商务交易总额达 3.8 万亿元，同比增长约 23%。

2010 年，中国电子商务交易总额达 4.5 万亿元，同比增长约 18%。

2011 年，中国电子商务交易总额达 6.09 万亿元，同比增长约 35%。

2012 年，中国电子商务交易总额达 8.11 万亿元，同比增长约 33%。

2013 年，中国电子商务交易总额达 10.04 万亿元，同比增长约 24%。

2014 年，中国电子商务交易总额达 16.39 万亿元，同比增长约 6%。

2015 年，中国电子商务交易总额达 18 万亿元，同比增长约 9.8%。

2016 年，中国电子商务交易额达 26.1 万亿元，同比增长约 45%。

（六）爆发期（2017—2020 年）

2017 年 2 月，顺丰控股在深证证券交易所举行重组更名暨上市仪式，成为 A 股上市的快递公司。

2017 年 4 月，京东物流开始独立运营。

2018年4月,阿里巴巴集团和蚂蚁金服以95亿美元收购"饿了么"。

2018年7月,"新电商第一股"拼多多在上海、纽约同时敲钟,正式登陆上海证券交易所和美国纳斯达克市场。

2018年8月,《中华人民共和国电子商务法》颁布,新电商法于2019年1月1日正式实施。

2018年9月,成立8年的美团正式在香港上市。

2019年1月1日,《中华人民共和国电子商务法》正式实施。

2020年,受新冠肺炎疫情影响,电商直播带货迎来前所未有的火爆增长。

2020年1月,在杭州阿里巴巴西溪园区召开了淘宝直播第一次机构大会。

2020年11月,国家广播电视总局发布《国家广播电视总局关于加强网络秀场直播和电商直播管理的通知》。

2017年,中国电子商务交易额达29.16万亿元,同比增长约11.7%。

2018年,中国电子商务交易额达31.63万亿元,同比增长约8.5%。

2019年,中国电子商务交易额达34.81万亿元,同比增长约10%。

2020年,中国电子商务交易额达43.8万亿元,同比增长约25.8%。

二、市场规模

(一) 中国网购市场交易规模

2020年Q2(第二季度),中国网购市场交易规模近25 727.4亿元,环比增长20.9%,同比增长6.8%。后疫情时代,复工复产、消费刺激、直播带货进一步渗透,电商交易得到快速恢复;此外,疫情也加速了生鲜电商、直播电商在用户端的消费渗透,前者弥补了消费者必需品采购的刚性需求,后者则主要加强了内容营销的电商链接属性,如图2-2所示。

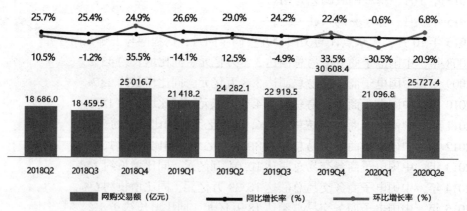

图2-2 2018Q2—2020Q2e 中国网购市场交易规模
(数据来源:艾瑞咨询)

2020年Q1(第一季度),B2C在中国网购市场规模结构中的占比达60.1%,较上季度有所增长。受新冠肺炎疫情影响,网购平台对下沉市场的争夺愈发激烈,伴随互联网短视频平台进入电商队伍中,B2C类平台与C2C类平台的界限逐渐模糊,两类模式在同平台兼容的现象更加普遍,难以拆分。实际上,行业整体的趋势依然是整体服务品质升级和经营规范，B2C 的业务模式具备更显著的优势。后疫情时代，B2C 平台会依靠自营物流和供应链整合两大竞争优势，实现用户需求有效转化，加速渗透率的提升，如图 2-3 所示。

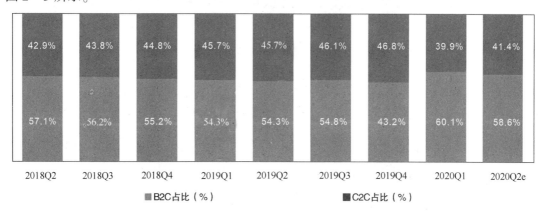

图 2-3　2018Q2—2020Q2e 中国网购市场规模结构
（数据来源：艾瑞咨询）

2020 年 Q1，中国网购市场移动端占比达 86.1%，移动端电商用户体量接近天花板，中国网购市场移动端渗透已基本完成，消费者主要通过移动端进行网购。相比于 2019 年 Q1，2020 年 Q1 的移动端下沉市场的用户比例有所上升，且移动电商对 24 岁以下群体与 40 岁以上群体的渗透率有所提升，中间年龄段的用户群体渗透率有所下降，如图 2-4、图 2-5 所示。

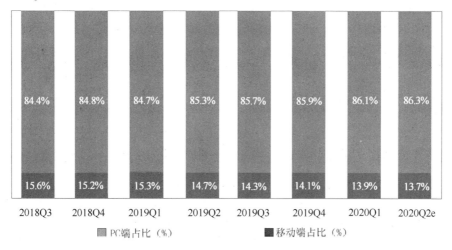

图 2-4　2018Q3—2020Q2e 中国网购市场规模结构
（数据来源：艾瑞咨询）

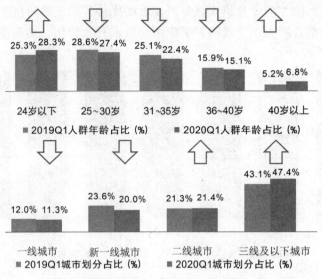

图2-5 2019Q1—2020Q1 中国网购市场移动端购物人群画像

(二)中国网购市场流量分析

2020年Q1,网购类App(应用程序)平均月独立设备数平均值较上一季度降低2.2%。由于受传统消费周期影响,月独立设备数出现下滑。但是,由于突发疫情,线下消费场所关闭,促使消费行为迁移至线上,网购活跃。2020年Q1的月独立设备数平均值为90 176.8万台,相较于2019年Q1月独立设备数的平均值增长15.3%。此外,随着品牌商开始运用直播电商作为新的线上营销渠道,2020年网购行为对三线及以下城市消费者等群体转移至线上的带动作用更加明显,对于网购消费者群体规模的影响也更加深远,如图2-6所示。

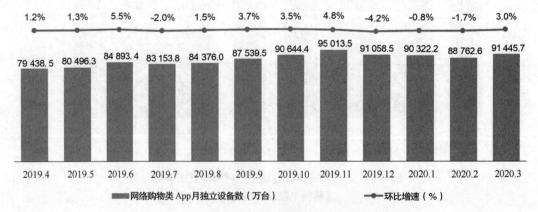

图2-6 2019.4—2020.3 网络购物类App月独立设备数

(数据来源:艾瑞咨询)

2020年1—3月,网购类App平均月总有效时长达259 509.1万小时,与2019年同期相比,增长了15.2%。网购类App的月总有效时长的增长速度与月度独立设备数的增长速度基本持平,网购类行业将长期处于存量争夺和精细化运营阶段。新的直播带货营销方式逐渐深入消费者群体,其可感知性、互动性、泛娱乐性有效地弥补了线上消费体验差的

缺陷,填补了消费者的碎片化时间,也为平台带来更多成交机会与较高的转化率,如图2-7所示。(数据来源:艾瑞咨询)

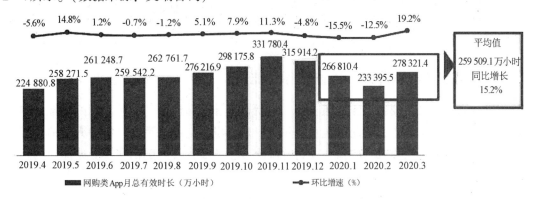

图2-7 2019.4—2020.3 网购类App月总有效时长

2018年中国电子商务交易规模已占GDP(国内生产总值)的36.15%。电子商务成为21世纪商业创新的主要驱动,已在促进消费与结构调整方面展现出强大的动力,成为推动国民经济与社会发展的新要素,也为技术进步与创新创造提供了平台。

20多年来,电子商务已深入生活服务、医疗、娱乐、社交、金融等诸多领域,其竞争结构也由网站为王、服务为王,转移至内容为王的时代。从中央到地方政府,电子商务已成为发展重点。国内电子商务也从消费互联网向产业互联网迈进,电子商务作为数字经济的突出代表,在促消费、保增长、调结构、促转型等方面展现出前所未有的发展潜力,也为"大众创业、万众创新"提供了广阔的发展空间,成为国家应对经济下行、驱动经济与社会创新发展的重要动力。

三、未来趋势

(一) 移动电商时代,消费场景化

1. 移动端网购更适应场景化消费需求

碎片化信息使消费者向移动端迁移,消费更加场景化。

移动互联网时代,信息渗透无处不在,网购受时间、空间限制更小。消费行为变得分散,任何生活场景都有可能转化为实际消费,市场开始由传统的价格导向转为场景导向。2015年,移动端超过PC端(电脑端)成为网购市场更主要的方式并不断强化。随着移动购物模式的多样化,O2O、特卖等与场景相关的应用将成为驱动消费者迁移的新航标。

2. 居家和工作间隙是移动端消费者网购的最主要场景

与2014年相比,网购场景由PC端更多地转移到移动端。消费者在家和工作间隙两个主要网购场景下使用移动端进行网购的比重增加。迎合移动端碎片化特点和消费者在工作间隙网购的习惯,许多电商在消费者使用高峰期进行商品上新,例如特卖电商唯品会早上10点、晚上8点进行线上特卖。

3. 消费者喜欢用更直接的方式进行场景消费

直接打开 App 和通过社交平台链接进入网购主页的消费者增多，而直接打开购物 App 是各种渠道中占比最高的方式。由此可见，各家电商在大力进行营销推广的同时，还应该做好 App 优化，提高消费者的留存率和复购率。

（二）消费者消费升级，电商国际化加速

跨境电商的发展主要得益于政策支持、消费升级和配套设施的完善。利好政策的出台降低了跨境电商经营成本，为跨境电商提供更广阔的发展空间。消费升级提升了消费者对全球高品质商品的购买需求。物流、支付等配套设施的完善使网购消费者更便捷地网购全球优质商品。

国内跨境电商购物渠道最受欢迎，消费者使用率超 60%，超过 3/4 的跨境网购消费者使用过国内跨境电商网站。目前，较有影响力的有天猫国际、京东全球购、考拉海购等。相当比例的消费者的最终消费行为仍发生在国外网站，国内独立跨境电商网站和官方性质的电商网站有较大发展空间。

（三）用户人群更加细分，电商企业多元化发展

随着国民经济快速发展，人民生活水平不断提高，用户更加注重商品的品质。各方面消费力量兴起，"90 后"、女性和老年群体成为消费新动力。不同性别、年龄和家庭角色的消费者需求不尽相同，他们将选择符合自身特征的商品。商业回归到商品与服务上来：生产出更符合消费者需求的商品，提供更加精细化的运营和包括内容在内的个性化服务。

虽然女性商品电商多处于发展初期，但受到资本市场大量关注。从垂直领域来看，服饰类和美妆类是女性商品电商发展较成熟的领域，而母婴类消费者则更倾向于在综合性电商平台进行网购。随着跨境电商的兴起，海淘类女性商品垂直电商也异军突起。

（四）社交 + 电商势头强劲，未来市场可期

哪里有人，哪里就有社交；哪里有社交，哪里就有消费者。电商需要流量驱动，行业巨头也希望不断抢占消费者更多的时间和流量。在网红风靡、内容电商兴起及大数据的冲击与推动下，社交和电商不断融合发展，电商行业已逐渐向基于社交的去中心化到共享经济时代过渡。

寻求流量增长，电商企业探索"直播 + 网红 + 电商"这一模式，如唯品会"12·8"周年庆期间，联合八位明星开启了八场"全明星派对"直播。对于电商企业来说，直播是一种新型的营销方式，目的是为平台带来额外流量，提高销量和点击率。但随着直播内容数量的指数级增长。只有真正有价值的内容才能沉淀下来，被消费者所关注，形成差异化优势。为了精准匹配消费者感兴趣的商品，大数据将成为制胜关键。

项目二 电子商务运营前的准备

(五) 提高转化率成为零售电商发展的核心

网经社电子商务研究中心主任曹磊在其主编的《跨境电商全产业时代：政策红利下迎新机遇》中表示，随着电商达到一定规模后，流量的快速增长最终会停止，而提高流量转换率将成为一个电商企业保持长期发展的决定性因素。而提高流量转换率的主要因素包括四个方面。一是提升 SKU（Stock Keeping Unit，库存保有单位）数量，满足更多需求。随着 SKU 数量不断增长，电商平台可以提供更多商品，实现一站式购物体验，一方面能够覆盖更多潜在消费者，另一方面能够满足单一消费者的更多需求，从而提高流量转化率。二是改善流量结构，提高直接流量。三是绑定老消费者，提升重复购买率。四是提升消费者购物体验。

(六) 线上线下融合是未来电商发展的主要方向

网经社电子商务研究中心特约研究员、鲍姆企业管理咨询有限公司董事长鲍跃忠在《网经社》采访中表示，电商确实对中国的消费品行业发挥了非常重要的作用，从历史价值来讲，它帮助企业找到了在互联网特别是移动互联网环境下，实现整个行业模式转换的一个重要方向和路径。从直接意义来讲，它帮助企业搭建两个基础设施，一是交易平台，二是物流交付，这为行业转型提供了非常关键的两大核心要素。未来的电商应向线上线下融合的全产业链方向发展；从总的趋势来看，未来电商作为一个单独的产业领域，或将逐步地发生改变，形成电商融合实体领域。因此，更多的实体领域运用电商工具及相应的模式去寻求更好的发展，是未来整个行业发展的主要方向。

(七) 电商合规监管的必要性

网经社电子商务研究中心特约研究员、北京亿达（上海）律师事务所律师董毅智在《网经社》采访中表示，电商未来的发展方向，首先是顺其自然，目前电商监管已步入正轨，顺其自然已是趋势；其次是"合规监管"。之前 20 多年，大家把这四个字放在首位，未来合规监管可能是一个"守卫"，在整个发展的过程中，每一个企业，每一个平台，每一个从业者都要把这四个字时刻牢记。

任务二 选择合适的商品

任务描述

选品是电商运营工作重要的环节。在电商平台，选对了商品至少有 50% 的可能会成功，而选错了商品则会有 99% 的概率会失败。选品人员必须一方面把握消费者需求，另一方面又要从众多供应市场中选出质量、价格和外观最符合目标市场的商品。成功的选品，能实现供应商、消费者和选品人员三者的共赢，此为选品价值之所在。

相关知识

随着经济的发展，供应链的不断完善，网购市场逐渐成熟，商品的质量和服务都在不断提高，提高消费者对网购的接受度，有利于网购消费者规模的不断扩大及网购总额的不断提高。生活水平的提高使消费者网购决策更加注重商品质量和服务水平，而不是价格，所以商家在选择商品时要格外用心。

一、是否熟悉该商品

做某类目商品的时候，选品人员要考虑自己是否对该类商品有足够的了解，例如衬衣是男士的还是女士的，是休闲的还是职业的。如果选品人员对商品各种属性都是一知半解，又如何能够说服消费者购买呢？

二、是否有稳定的货源

作为选品人员，如果自己所选商品做起来后进货渠道却断了，这样企业前期的所有努力都可能白费。所以，一个稳定的货源是企业开疆扩土的基础。有条件的话，最好是从厂家直接进货，这样进货成本低，因而利润会更高。

三、商品客单价是否合适

选商品，最好选择客单价稍高的商品，但客单价又不能太高，因为过高的客单价吸引不到消费者。他们可能会选择去实体店购买，或在网上选择几家做得比较大的电商企业，而不大会选择做得比较小的电商企业；而客单价过低的话，店铺利润就低，会打击企业的信心。因此要选择客单价合适的商品，保证客源稳定。

四、商品利润是否高

在选品阶段，企业就要考虑是否能盈利。只有商品的利润够高，后期在投入广告方面才不会束手束脚。因为即便投入了广告费，企业依然有利润；就算降价做活动、做促销，对电商企业来说也能盈利。所以利润是否合理是选品时主要考虑的因素。

五、商品质量是否够好

如果想在电商领域取得成功，必须保障商品质量过硬，只有做到货真价实，性价比高，才能获得消费者的信任。不要为一时的利益而选择没有质量保障的假冒伪劣商品。

电商企业想做大、做强，必须在创新的基础上，努力提高商品质量和服务水平。纵观国内外，每一个做得长久的知名电商企业，其商品或服务，都离不开过硬的质量。所以，商品质量是电商企业的生命，是电商企业的灵魂。任何一个电商企业要生存、发展，都要将商品质量放在首位，不断创新和超越，追求更高的目标。

六、复购率高低

开发一位新客户的成本大致相当于维护一位老客户成本的2~6倍，换句话说，商家在一位新客户身上投入的成本足够维护2~6位老客户。由此可见，比起开发新客户，加强与老客户之间的合作更加高效、省力。

如果一个新客户只能在店铺消费一次，而不愿回购，店铺肯定做不大，而且做起来会非常低效。只有让客户反复消费商品，才能让店铺的客户不断累积、增加。只有店铺的商品质量够好，性价比够高，才能获得客户的肯定。只有店铺能维护好客户，店铺生意才能越做越轻松。

七、慎选季节性明显、更新换代快的商品

如果店铺做的是季节性的商品或者更新换代很快的商品，就意味着选品人员要随时考虑商品的更换，店铺要承受更大的存货压力，资金流动性也会变差。对于大的电商企业来说，这些都不是大的问题，大电商企业的供应链管理可以很好地解决这些问题；而对于小电商企业来说，尽量不做这类商品，避免增加囤货的压力。

八、商品是否适合物流

很多易碎商品在运送过程中难免会出现磕磕碰碰的情况，如灯具、酒类。即便店铺的商品再好，如果在运输过程中损坏或不能送到消费者手中，消费者就很难给出好评，商品评分太低也会影响商品后面的销售，这是一个恶性循环。所以企业在刚开始选择的时候，就要注意选择适合物流配送的商品。

任务三 寻找进货渠道

任务描述

电商企业如果想占领网购市场，需要保证进货渠道的畅通，保证货物的全面，保证货物的质量。要达成这三点目标，就需要寻找可靠的进货渠道。

相关知识

确定卖什么商品之后，就要开始寻找货源。网店之所以有利润空间，成本较低是重要的因素，拥有了物美价廉的货源，便取得了制胜法宝。当然，网店经营，也可以随时根据货源情况调整经营方向。

一、大型批发市场

批发市场的商品价格一般比较便宜，这也是经营者最常选择的货源地。从批发市场进货一般有以下特点：批发市场的商品数量多、品种全、挑选余地大，能够货比三家；批发市场很适合兼职卖家，进货时间和进货量比较自由；批发市场价格相对较低，对于网店来说容易实现薄利多销。

批发市场确实是新手卖家不错的选择。大部分城市周围都有大的批发市场，如石家庄国际贸易城，上海的襄阳路、七浦路，杭州的四季春等。多与批发商交流不但可以熟悉行情，还可以拿到很便宜的批发价格，保证网上销售的低价位。通过和一些批发商建立良好的供求关系，还能够了解当前的流行商品，这不仅有利于商品的销售，也有利于卖家快速地积累客户。

二、厂家货源

一件商品从生产厂家到送达消费者手中要经过许多环节，其基本流程是：原料供应商→生产厂家→全国批发商→地方批发商→终端批发商→零售商→消费者。如果是进口商品，还要经过进口商、海关等环节，涉及运输、报关、商检、银行和财务结算等。经过多环节、多层次的流通和运输等过程，自然会产生额外的附加费用，这些费用都被分摊到每一件进口商品上。所以，对于一件出厂价格为20元的进口商品，消费者往往需要花150元才能买得到。

如果商品可以直接从厂家进货，且有稳定的进货量，无疑可以降低商品价格；而且正规的厂家货源充足、信誉度高，如果长期合作，一般都能争取商品调换和退货退款。但是，一般能从厂家拿到的货源商品并不多，因为多数厂家不与小规模的卖家合作，以外贸服装为例，厂家要求的批发量至少要近百件或上千件，达不到要求是很难争取到合作的。

三、外贸尾货

外贸尾货就是正式外贸订单的多余商品。一般情况下，外商在国内工厂下订单时，工厂一般会按5%~10%的比例多生产一些，这样做是为了防止在实际生产过程中出现次品时进行替补，这些多生产出来的商品就是我们常说的外贸尾货。

外贸尾货的优点是性价比高，通常几十元钱的商品出口后价格可能增长到几十美元或更高；外贸尾货的缺点是颜色和尺码不全，不能像内销厂家的商品那样齐码齐色。所以，外贸尾货的价格一般比商场等地方的更便宜。

四、品牌库存

品牌商品在网上是备受消费者关注的类别，很多消费者都是通过搜索的方式直接找到自己心仪的品牌商品。有些品牌商品的库存积压很多，一些商家干脆把库存全部卖给专职网络销售商家。不少品牌虽然在某一区域属于积压品，但因网络覆盖面广、无空间限制的特性，某一地区的积压品可能成为其他地区的畅销品。如果选品人员能经常淘到积压的品牌服饰、鞋等，转到网上来销售，很可能获得丰厚的利润。

五、特色商品

民族工艺品价值较高，民族特色足以使它在琳琅满目的商品中鹤立鸡群。网商店主之所以愿意让这类商品来充实自己的店铺，不仅因为它们稀有、能吸引人的眼球，还因为其有其他商品无法取代的特点，如利润较高、竞争不大等。

六、清仓商品

在多数情况下，商家会因换季等原因清仓处理商品，或在商家已收回成本或赚到预期利润时，愿意将剩余商品让利给消费者。当商家急于处理这类商品时，其价格通常偏低，如果选品人员以极低的价格买进，再转到网上销售，利用地域或时间差则可以获得丰厚的利润。所以，选品人员要密切关注市场变化，但在采购时也要小心，像高科技商品或有效期短的商品，最好不要大量进货。

七、二手市场

虽然二手物品具有无法保证品质、不可退换等缺点，但它还是具有许多适合在网上销售的优势。

闲置物品不会一直补货，卖掉一件就少一件。那么，卖光这些闲置物品后怎样保持现有的经营特色并持续经营下去呢？其实有一个地方能收集到便宜的商品，那就是二手市场。

跳蚤市场是二手市场的别称，它由一个个地摊摊位组成，市场规模大小不等，所售物品多是旧货，小到衣服上的小件饰物，大到完整的旧汽车、录像机、电视机、洗衣机等，应有尽有，且价格低廉。

八、批发网站

全国最大的批发市场主要集中在沿海城市，如义乌、广州等地。阿里巴巴、生意宝等作为网络贸易批发的主流平台，充分显示了其线上的优越性，为商家提供了很大的选择空间。

网上批发近几年才兴起，发展还不成熟，但网络进货相比传统渠道进货的优势已经很明显，具体的优势表现如下。

（1）成本优势。网上批发可以省去来回批发市场的时间成本、交通成本、住宿费、物流费用等，具有批发价格透明、款式更新等优点。

（2）选购的时间优势。亲自去批发市场选购，由于受时间限制不可能长时间慢慢地挑选。有些商品也许并未相中，但迫于进货压力又不得不快速选购。但是网络进货不受时间限制，则可以慢慢挑选。

（3）批发数量可调控优势。网络批发一般都是10件起批，有的甚至1件起批，在一定程度上增大了选择余地。

（4）库存优势。网络进货还能减少库存压力。

课堂思政

中国电子商务市场规模持续扩大，已经超过了很多发达国家，未来将会出现更多提升人民生活质量的产品和技术。我国电子商务市场的发展需要更多的电子商务专业人士的加入，共同维护市场的健康发展。

在和供应商合作时要诚实守信、真诚待人，不能坑蒙拐骗；选品需找经营资质健全的供应商，维护市场经济的健康发展，坚守自己的道德底线，不因贪图小便宜采购违规违法的商品。

项目总结

十年磨一剑，砺得梅花香。曾经在人们眼中"虚无缥缈"的电子商务，已颠覆了人们的生产、生活方式，蜕变出 8 000 多万的"网商"与上亿的网民消费群体，逐渐成为当前商务活动中的主流形态。了解并熟悉电子商务运营前的准备，能够帮助人们掌握电商运营的发展新趋势、选品技巧和货源渠道。

效果评价

一、填空题

1. （　　）银行成为国内首家开通网银的国有银行。
2. 电子商务未来发展有（　　）个趋势。
3. 批发网站的成本优势有（　　）、（　　）、（　　）、（　　）等。

二、选择题

1. 阿里巴巴是（　　）成立的
   A. 1998 年
   B. 1999 年
   C. 2000 年
   D. 2004 年
2. 以下哪一项是不正确的选品方式？（　　）
   A. 商品熟悉程度
   B. 复购率是否高
   C. 货源是否稳定
   D. 选择季节性商品

3. 进货渠道避免（　　）

A. 货比三家

B. 货源充足

C. 质量差，价格便宜

D. 个性商品

三、简答题

1. 简述电商发展的未来趋势。
2. 简述商品利润的重要性。
3. 简述大型批发市场的优势。

项目三
电子商务平台的选择与开店

情景描述

袁先生根据对行业的分析，认为做线上商品是一种趋势。袁先生先后去广州、杭州、义乌等地方实地考察并详细了解了商品货源，最终选择了饰品、服饰、五金三种商品品类。他根据淘宝、京东和拼多多平台的特点，选择了不同的品类上线尝试。袁先生熟悉了线上的运营模式之后，最终找到适合自己的平台，打造了自己的运营团队，开启了创业的天地。

思考：
说说你对淘宝、京东和拼多多平台运营模式的认识。

任务一　如何在淘宝开店

任务描述

淘宝是网购零售平台，以个人店铺（俗称 C 店）为主体经营模式，平台收取费用较少，门槛较低，对于创业的中小型企业或个人来说，是比较不错的平台选择。那么创业者该如何在淘宝平台开店呢？

相关知识

淘宝目前有近 5 亿的注册用户，每天有超过 6 000 万的固定访客，每天在线商品数已超过 8 亿件。

淘宝体系根据其店铺功能以及店铺类型的不同，入驻的流程和所需的资料也不同。

一、淘宝网的特点

1. 店铺功能

个人店铺按功能可以分为普通店铺和旺铺。普通店铺是淘宝店铺最早的样式，页面布局较为简单，视觉效果不够丰富，因此逐步被淘宝旺铺所代替。淘宝旺铺分为旺铺专业版和智能版，两个版本的功能和模块存在一些差异，收费标准也不同。

2. 信用等级

信用等级可分为红心、钻石、蓝皇冠、金皇冠四个等级。淘宝会员在淘宝网每使用支付宝成功交易一次，就可以对交易对象店铺做一次信用评价。评价标准分为"好评""中评""差评"，每种评价对应一个信用积分，"好评"加一分。"中评"不加分，"差评"扣一分。不同信用等级又可分别划分为五个小等级，各小等级对应1个级别，共20个信用度级别。

3. 平台特点

淘宝基本已经形成了"淘宝+天猫+支付宝"相结合的互联网集市闭环体系，但商品从商家到消费者手中的过程，需要依靠外部物流。平台的收入来源主要是商家直通车广告收入。

二、店铺类型

目前淘宝店铺类型分为以下三种。

第一种，个人店铺。个人商家需要填写个人信息和身份证，同时需缴纳一定保证金，流程比较简单。

第二种，企业店铺。企业店铺操作的流程相对烦琐，有营业执照的实体店，需把营业执照副本上传到淘宝网备份。开通企业店铺也需要缴纳一定数额的保证金。但个人店铺和企业店铺所缴纳的保证金不同，一般企业店铺的保证金更高。

第三种，天猫店铺。天猫店铺门槛高，官方对天猫店铺的扶持力度非常大，淘宝的搜索结果也包含天猫店铺的商品；每个关键词的前三个搜索结果会分配给天猫店铺。

天猫店铺也分三种：第一种，旗舰店，即商家上架自有品牌（商标为R或TM状态）或由权利人独占性授权，入驻天猫开设的店铺；第二种，专卖店，即商家持他人品牌（商标为R或TM状态）授权文件在天猫开设的店铺；第三种，专营店，经营天猫同一大类下两个及以上他人或自有品牌（商标为R或TM状态）商品的店铺。

三、入驻流程

1. 准备工作

（1）申请一个用于开店的淘宝账号。

（2）将淘宝账号绑定支付宝且实名认证。

2. 开店流程

（1）打开淘宝网（https：//www.taobao.com），登录要开店的淘宝账号。

（2）选择右上角"千牛卖家中心"→"免费开店"选项，如图3-1所示。

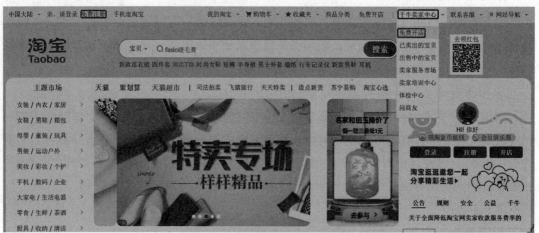

图3-1 淘宝网免费开店页面

（3）单击之后出现有关个人店铺入驻、企业店铺入驻流程。

（4）选择个人店铺入驻流程，按要求填写基本信息。

3. 常见问题

申请人根据开店的类别选择对应的流程。

（1）如申请人是个人身份，想在淘宝开个人店铺，具体操作流程是什么？

选择个人店铺入驻，如果有账号可直接登录；若无账号则需完成淘宝账号注册，注册登录成功后单击"0元开店"按钮，依次完成取店名（后期可修改）、支付宝实名认证（准备好申请人的身份证）、申请人实名认证（仅需扫脸），然后勾选淘宝协议并单击提交，个人店铺就可成功开通。

（2）如申请人想注册为企业用户，具体操作流程是什么？

输入店铺名称→完成支付宝企业认证→完成店铺负责人认证→创建店铺成功→单击"同意协议"按钮。0元免费开店成功跳转后即完成开店。

（3）企业店铺与个人店铺有什么区别？

企业店铺需要一定的认证资质，一般面向企业、个体工商户、事业单位、社会团队、民办非企业单位、党政及国家机关等开放。

（4）怎么做支付宝认证？

个人支付宝实名认证路径参考：打开支付宝App→单击"我的"按钮→单击左上角头像位置→填写个人信息→身份认证并完善信息。

项目三 电子商务平台的选择与开店

任务二 如何在京东开店

任务描述

京东是中国自营式电商企业,因其对商品品质的严格把关,以及自建物流对配送时效的保证而迅速崛起。目前,无论是在商业体量上,还是在用户规模上,京东都是国内首屈一指的电商平台,适合重视打造品牌的商家入驻。

相关知识

京东平台素以突出消费者服务体验著称。
京东服务原则:
多——为用户提供一站式综合购物平台。
快——自建物流提供极速配送服务。
好——坚持正品行货保证商品品质。
省——依靠低成本和高效率推出天天低价等活动。

一、京东的特点

(一)注重消费者体验

1. 商品端:打造完美的消费者体验

(1)坚持初心,不卖假货。京东的企业愿景使其成为值得信赖的企业之一,京东对假货始终"零容忍"。

(2)在品类选择上,让前端有需求,后端有能力。在确定前端是否有需求时,京东会投入时间与精力和消费者交流,捕捉消费者需求与消费者体验。明确消费者需求之后,再进行决策,做好后端布局。

(3)从自营到平台。京东曾主打自营模式,在自营的基础上渐渐转向平台模式,主要侧重于非标准品类(如服装类),把更多的服装品牌供应商吸引进来,并在这些服装品牌供应商和京东物流服务体系之间进行整合。

2. 价格端:让利他人

(1)将利润还于商家。京东认为,只有合作的供货商都赚到钱了,平台才能在众多的竞争对手中脱颖而出。

(2)不打长时间的价格战。从行业角度来讲,长时间进行价格战会让整个行业受到伤害或者损毁,京东始终秉持与竞争对手共存的理念,不让企业陷入危险的状态。

（3）三大系统决定价格。物流系统、信息系统、财务系统是京东战略中的关键一环，通过这三个系统将商品品类做丰富、质量做好、服务做优、价格做低。

（4）以创新为依托。京东的低价建立在大量的创新上，如2009年推出的"211限时达"，如今的3小时极速达等。把运营成本降低50%以上，是京东十几年保持低价的核心。

3. 服务端：打造完整服务链条

（1）百道流程确保消费者完美体验。仔细核算从消费者下单到真正完成交易（包括退换货），大概有34大节点，100多个具体流程，京东将之整合成一个无缝的完整链条，保证流程的高效。

（2）让配送员重视工作。京东不仅为配送员提供五险一金，还为他们提供高于市场平均水平的工资；除了薪酬方面的优待外，还为配送员提供了极大的上升空间。

（3）严格选拔配送站站长。通过任职资格选拔、入职培训、严格考核，来保证京东配送站站长的整体素质和管理能力，从而确保配送系统的高效运转。

（二）让物流、财务流、信息流成为经营基础

1. 做B2C物流体系

（1）提速配送。在京东看来，物流对消费者体验极其重要，京东实行渠道下沉战略，提高在三四线城市的知名度。

（2）做单项物流体系。国内B2C物流体系由京东首创，商业社会有迫切需求，京东抓住机会，实现创新。

（3）斩断中间环节。京东强调的是大规模、大批量从供应商采购，然后运到库房，最后到消费者手中，实现商品一次搬运，以求物流成本最低。

2. 搭建完整的财务体系

（1）做好现金流的运营管理。现金流对企业存亡的影响不言而喻，若一家企业的现金流为正，这家企业仍有可能依靠这些现金流扭转颓势；若现金流为负，则可能因为资金链断裂而迅速走向衰败。京东一直重视对现金流的管理，以保证生存和长期竞争力。

（2）企业上市，保证还款能力。上市的好处是财务更加公开、透明，京东可以通过财务数据告诉市场：即使亏损，企业账上还是有大量的现金足以支付所有供货商的货款。

（3）开展内部审计。企业内部的财务管控越到位，财务流程越清晰，审计师才能更快进行审计。

3. 稳定信息流

（1）自主研发信息系统。电商企业要做属于自己的信息系统，技术掌握在自己手里，系统就可以随着需求不断演进，这种灵活性是京东发展的重要保证。信息系统是整个电商公司的核心纽带，利用信息系统可实现管人、管钱、管物。在京东，所有人都在信息系统下工作，这也是高效管理的武器。

（2）直接决定定价和采购。京东的定价是通过信息系统完成的，根据商品的属性、价值和竞争力定出价格优先级，再比较竞争对手网站的同种商品价格，从而确定价格。采购也由信息系统决定，避免人为因素干扰。

（3）打造完整的供货链条。要满足消费者需求，提高现货率，京东实现上游化，即降

低中间成本,通过多样化保证多个供应商,通过多地化保证多地有供应商。

(4) 以技术为驱动。激发创新性,以技术为驱动做自营电商业务、开放服务业务、数据金融业务,这将带来丰厚的利润。

(三) 重视合作方,打造产业链

1. 渠道商业化

京东拒绝经销商,而选择跟供应商直接合作,这样就减少了中间的流程,有利于采用新的体系和低成本策略。

2. 做好每一个链条

争取每一个环节的收益。根据京东提出的"十节甘蔗"理论,京东志于做好每一个链条,从而保障每个环节的利润。

3. 多渠道的移动战略

联手移动端。京东通过合作准备期,与腾讯谈判最后达成合作,有效提升了自身流量,带来了高增长的利润;同时腾讯作为股东,也能长久获利。

二、店铺类型

京东有两大模式:一是京东自营的采销模式,另一个是 POP(Pctowap Open Platform)模式。采销模式,即京东自己进货,自己卖,商家要做的事情就是给京东供货。POP 模式,就是商家自己运营,京东提供一个类似于天猫的平台。POP 模式下又分为四种模式:SOP(Sales on POP,商家在京东平台售卖)、LBP(Logistics by POP,为商家提供京东平台和配送服务,仓储由商家自己提供)、SOPL(Sales on POP Logistics,为商家提供京东平台和配送服务,仓储由商家自己提供,发票由商家提供)、FBP(Fulfillment by POP,为商家提供京东平台,仓储和配送服务)。

(一) 采销模式

采销模式适合传统线下商家。商家提供商品,并把商品发到京东全国七大仓库(沈阳、北京、西安、上海、武汉、成都、广州),商品最终卖什么价,要参加什么活动,基本由京东确定,商家没有运营权。此种模式下,商家想做得好,必须依靠京东采销经理的支持。

(二) POP 模式

1. POP 的四种模式

(1) SOP 模式,类似天猫模式,商家拥有最大限度的自主经营权。商品不用入京东仓库,消费者下一个订单,商家通过第三方物流直接把货发给消费者,商家给消费者开发票、客服、售后、运营都和天猫类似。这是目前商家入驻京东的主流模式,特别适合中小卖家。这个模式下的运营成本较低,主要是扣点和推广费用。

(2) LBP 模式,商家拥有非常大的经营权,它和 SOP 模式的最大区别是物流和发票的不同。LBP 模式下,消费者下一个订单,商家必须先把这个商品发到靠近客户的京东仓库,然后京东用自己的物流发到消费者手中；退货也是客户先退到京东仓库，然后京东再退给商家。发票由京东提供给消费者。

（3）SOPL 模式，其物流和 LBP 模式一模一样，差别是结款不用京东开发票，而由商家开给消费者。

（4）FBP 模式，该模式是一次性把商品发到京东七大仓库，卖完了再补商品。FBP 模式的好处是商品发货速度快，消费者满意度高。但是 FBP 模式成本太高，商品发货到京东的费用，从京东退货回来的费用，付给京东的仓储费用，开给京东的发票等费用均由商家承担。

2. POP 店铺类型

（1）旗舰店，指商家以自有品牌或由权利人出具在京东开放平台开设品牌旗舰店的独占授权文件，在京东开放平台开设的店铺。一个品牌在京东只有一个旗舰店，同样，一个旗舰店只能经营一个品牌。

（2）专营店，指经营京东开放平台相同一级类目下两个及以上他人授权或自有品牌的店铺，一个专营店铺可以经营多个品牌。

（3）专卖店，指商家持他人品牌授权文件在京东开放平台开设的店铺，一个品牌在京东上可以有多个专卖店，如图 3-2 所示。

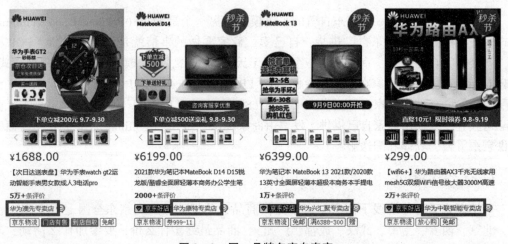

图 3-2 同一品牌多家专卖店

三、入驻流程

（一）京东入驻流程

入驻京东过程中用到的资料和信息最好放到一个文件夹或文档中保存，因为入驻不可能一次完成，所以留着信息以备重填时用。

（1）打开京东官网 https：//www.jd.com；登录账号后，选择"客户服务"，→"合作招商"选项，如图 3-3 所示。

图 3-3 京东合作招商页面

（2）上一步操作完成后，进入如图 3-4 所示页面。

图 3-4 欢迎入驻页面

（3）以 POP 商家为例，单击"立即入驻"按钮，进入如图 3-5 所示页面。

看一看，了解入驻步骤

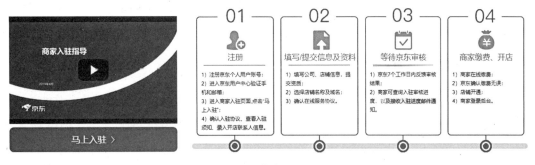

图 3-5 商家入驻页面

(4) 入驻流程信息填写第一步，填写入驻联系人信息，如图3-6所示。

图3-6　填写入驻联系人信息

(5) 入驻流程信息填写第二步，填写营业执照信息和组织机构代码相关信息，如图3-7所示。

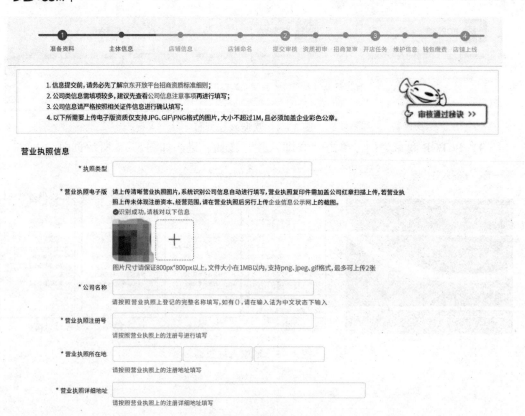

图3-7　填写营业执照和组织机构代码相关信息

*成立日期		
*营业期限	—	□ 长期
*注册资本(万元)		

若注册资本非人民币,按照当前汇率换算人民币填写

*经营范围

请与营业执照或企业信息公示网的经营范围保持一致

大陆身份证 ∨

*法人证件电子版　请按顺序分别上传正面(带有照片一面)和反面电子版图片,复印件请加盖开店公司红章
　　　　　　　　✓识别成功,请核对以下信息请按顺序分别上传正面(带有照片一面)和反面电子版图片,复印件请加盖开店公司红章查看示例

图片尺寸请保证800px*800px以上,文件大小在1MB以内,支持png、jpeg、gif格式,最多可上传2张

*法定代表人姓名

请按照营业执照上登记的法人填写

*法定代表人证件号

*有效期　　　　—　　　　□ 长期

*公司所在地

*公司详细地址　北京崇文区一环到二环

*公司电话

*公司紧急联系人

*公司紧急联系人手机

*银行开户许可证电子版　许可证上名称、法人需与营业执照一致,若发生变更须出具变更证明,复印件需加盖公司红章扫描上传

图片尺寸请保证800px*800px以上,文件大小在1MB以内,支持png、jpeg、gif格式,最多可上传2张

*组织机构代码

复印件需加盖公司红章扫描上传,三证合一的此处请上传营业执照电子版

*组织机构代码证有效期　　—　　　□ 长期

*组织机构代码证电子版

图片尺寸请确保800px*800px以上,文件大小在1MB以内,支持png、jpeg、gif格式,最多可上传2张

图3-7　填写营业执照和组织机构代码相关信息(续)

(6)入驻流程信息填写第三步,填写税务登记证和银行账号信息,如图3-8所示。

电子商务运营实务

图3-8 填写税务登记证和银行账号信息

（7）入驻流程信息填写第四步，填写经营信息，如图3-9所示。

图3-9 填写经营信息

（8）入驻流程信息填写第五步，填写店铺及类目信息等，如图3-10所示。

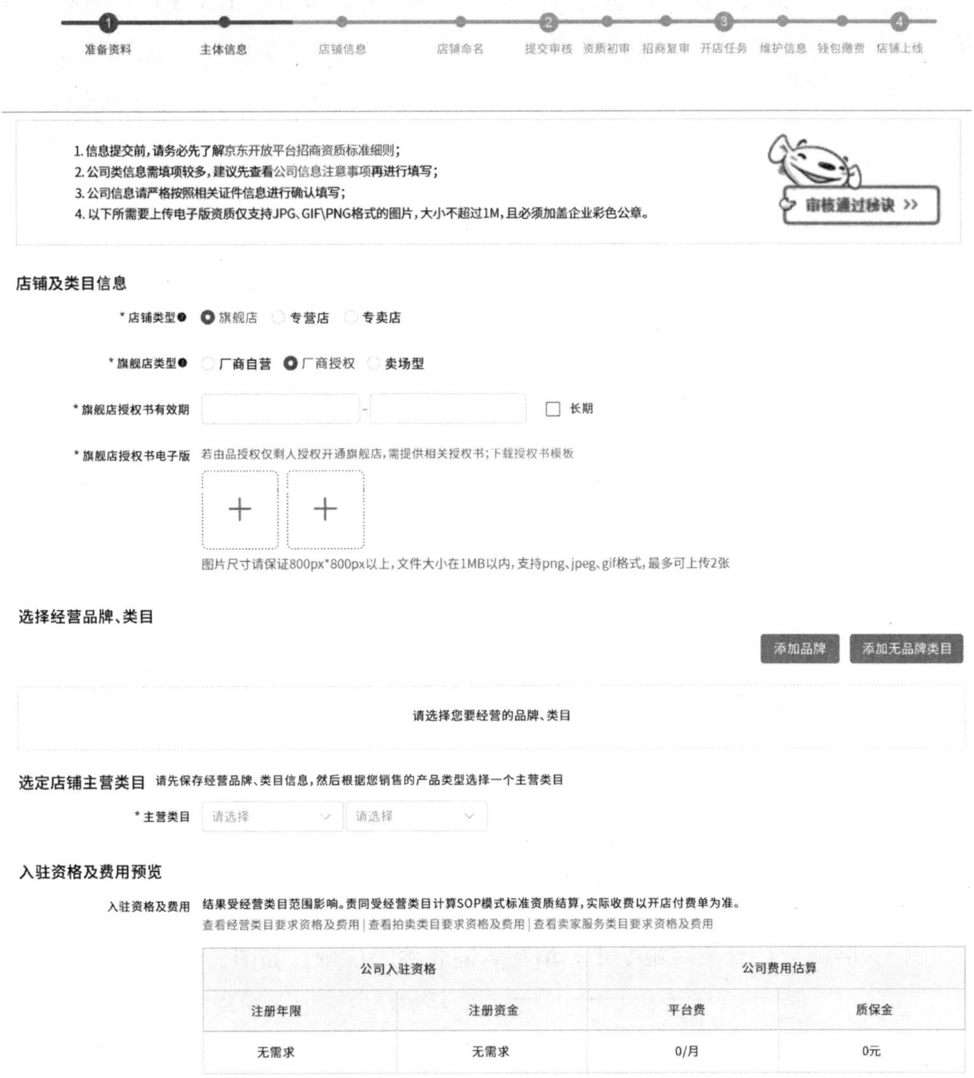

图3-10 填写店铺及类目信息

（9）入驻流程信息填写第六步，选择品牌。若已有品牌则直接添加，若无品牌则需添加新品牌，如图3-11和图3-12所示。

图3-11 选择品牌页面

添加新品牌时，先填写品牌信息，然后填写品牌资质，如商品注册书/商品注册申请书、销售授权书、报关单类、进货发票、质检/检疫/检验报告、卫生生产许可证、其他资质等。

图 3-12 添加新品牌页面

（10）入驻流程信息填写第七步，填写店铺名称等信息，如图 3-13 所示。

图 3-13 填写店铺名称

（11）信息填写完后需确认入驻信息。把之前填写过的信息再确认一遍，单击"提交初审"按钮。初审审核由第三方公司负责，审核时间一般一至三天；终审审核时间一至两天。

（12）最后是京东钱包认证，认证完成之后进行缴费。

（二）平台扣点常见网址链接及路径

京东开放平台不同类目所需资费不一样，具体可参考《2021年开放平台各类目资费一览表》（POP店），与店铺类型（旗舰店、专营店、专卖店）无关，如图3-14所示。

一级分类	二级分类	三级分类	费率 SOP	费率 FBP	平台使用费 单位/元·月⁻¹	保证金 单位/元
服饰内衣	男装/女装/内衣		8.00%	8.00%	1 000	30 000
	服饰配件	其他三级类目	8.00%	8.00%		
		口罩	6.00%	6.00%		
鞋靴			8.00%	8.00%	1 000	30 000
珠宝首饰	黄金/铂金/K金饰品		3.00%	8%(含5%消费税)	1 000	50 000
	金银投资	投资金/黄金托管	1.00%	1.00%		
		其他三级类目	5.00%	5.00%		
	银饰	银吊坠/项链/银戒指/银耳饰	10.00%	10.00%		30 000
		银手镯/手链/脚链	8.00%	8.00%		
		宝宝银饰	5.00%	5.00%		
	翡翠玉石		8.00%	8.00%		50 000
	钻石	裸钻	5.00%	5.00%		
		其他三级类目	8.00%	8.00%		
	水晶玛瑙/时尚饰品/发饰		10.00%	10.00%		30 000
	木手串/把件/彩宝/珍珠		8.00%	8.00%		

图3-14 类目资费

（三）常见问题

1. 一个品牌可以开多少个店铺？

同一个类目的旗舰店只能开一个，专营店可以开多个。

2. 是不是每个商品都要一份质检报告？

同一个类目提供一个质检报告，如果后期需要增加其他类目，则需要添加增加类目商品的质检报告。

任务三 如何在拼多多开店

任务描述

拼多多作为新电商开创者,致力于将娱乐社交元素融入电商运营中,通过"社交+电商"的模式,让更多消费者带着乐趣分享实惠,享受全新的共享式购物体验。本任务将围绕"如何在拼多多开店"进行介绍。

相关知识

2015年,当所有人都认为未来的电商市场将会是淘宝和京东两家巨头的天下时,拼多多异军突起,彻底改变了中国的电商格局。

2020年,拼多多用户规模首次超越淘宝,成为全球用户数量最多的电商平台。从后起之秀到三分天下,拼多多仅用了5年时间,就完成了其他平台的流量扩张之路。

一、拼多多的特点

拼多多是典型的农村电商模式,从平台收入来源看类似淘宝,以收取商家佣金获取收入,最大的特点是商品低价。

二、资质要求

不同的店铺类型,入驻所需资质不同,商家可根据实际情况进行选择。

(一)店铺入驻所需资质

(1)个人店铺入驻所需资质如图3-15所示。

图3-15 个人店铺入驻所需资质

(2) 个体工商户店铺入驻所需资质如图 3-16 所示。

店铺类型　　个人店　　个体工商户

个体工商户

	主体资质	详情描述
1	身份证人像面照片原件 身份证国徽面照片原件	1. 必须是中国大陆身份证 2. 身份证照片必须上传原件 3. 距离有效期截至时间应大于1个月 4. 证件清晰，图片上传不要倒置
2	个体工商户营业执照	1. 个体户执照需要上传原件 2. 属于入驻人的个体户执照 3. 公司类型为个体户性质 4. 距离有效期截至时间应大于3个月 5. 证件清晰

图 3-16　个体工商户店铺入驻所需资质

(3) 企业店铺入驻所需资质如图 3-17 所示。

店铺类型和资质说明

店铺类型	普通入驻（企业店）	需上传的资质证明			
		企业三证	商标注册证	授权书	身份证
旗舰店	1.经营1个或多个自有品牌的旗舰店	✓	✓		✓
	2.经营1个授权品牌的旗舰店，且授权品牌为一级独占授权	✓	✓	✓	✓
	3.卖场型品牌（服务类商标）所有者开设的品牌旗舰店（限拼多多商城主动邀请入驻）	✓	✓	✓	✓
专卖店	1.经营1个或多个自有品牌的专卖店	✓	✓		✓
	2.经营1个授权销售品牌商品的专卖店（授权不超过2级）	✓	✓	✓	✓
专营店	1.经营一个或者多个自有品牌商品的专营店	✓	✓		✓
	2.经营1个或多个他人品牌商品的专营店（授权不超过4级）	✓	✓	✓	✓
	3.既经营他人品牌商品又经营自有品牌商品的专营店（授权不超过4级）	✓	✓	✓	✓
普通店	普通企业店铺	✓			✓

图 3-17　企业店铺入驻所需资质

（二）常见问题

1. 入驻各类店铺的区别？

个人店铺需要上传大陆居民身份证原件人像面和国徽面照片，并进行实名认证。个体工商户除上传个人身份证外还需上传属于入驻人本人的个体工商户营业执照。

企业店有普通店、专营店、专卖店、旗舰店四种店铺类型。普通店上传三证合一的营业执照（非三证合一的营业执照，除营业执照外还需要上传税务登记证、组织机构代码证）。专营店、专卖店、旗舰店，除营业执照外还需上传品牌信息，如图3-18所示。

店铺类型	旗舰店	专卖店	专营店	普通店	个体工商户	个人店
店铺定义	商家以自有/授权品牌(商标为R或TM状态)入驻拼多多开设该品牌的旗舰店。旗舰店可以有以下几种类型： (1)经营1个或多个自有品牌的旗舰店； (2)经营1个授权品牌的旗舰店，且授权品牌为一级独占授权； (3)卖场型品牌(服务类商标)所有者开设的品牌旗舰店(限拼多多商城主动邀请入驻)	商家以自有/授权品牌(商标为R或TM状态)入驻拼多多开设该品牌的专卖店。专卖店可以有以下几种类型： (1)经营1个或多个自有品牌的专卖店； (2)经营1个授权销售品牌商品的专卖店(授权不超过2级)	经营拼多多商城同一招商大类下1个及以上品牌商品的店铺。专营店有以下几种类型： (1)经营1个或多个自有品牌商品的专营店； (2)经营1个或多个他人品牌商品的专营店(授权不超过4级)； (3)既经营自有品牌商品又经营他人品牌商品的专营店(授权不超过4级)			
店铺资质	1.企业性质的营业执照(三证合一只需提供营业执照图片) *不支持申请类型：个体工商户 *支持分公司进行申请 2.注意非三证合一的营业执照还有补充： 2.1企业税务登记证(国税、地税均可) 2.2组织机构代码证 3.法定代表人身份证正反面 4.商标注册证或商标注册申请受理通知书 *若为授权开设的旗舰店,提供独占授权书(如果商标权利人为自然人,则需同时提供其亲笔签名的身份证复印件或原件)	1.企业营业执照(三证合一的只需提供营业执照图片) *不支持申请类型：个体工商户 *支持分公司进行申请 2.注意非三证合一的营业执照还有补充： 2.1企业税务登记证(国税、地税均可) 2.2组织机构代码证 3.法定代表人身份证正反面 4.商标注册证或商标注册申请受理通知书 *需上传商标权利人到开店公司完整授权链(不超过二级)完整的授权链路指从商标权利人到开店公司的整个授权链,以二级授权链路为例：商标权利人给A公司的授权书,A公司给开店公司的授权书) *若商标权利人为自然人则需同时提供其亲笔签名的身份证复印件或原件	1.企业营业执照(三证合一的只需提供营业执照图片) *不支持申请类型：个体工商户 *支持分公司进行申请 2.注意非三证合一的营业执照还有补充： 2.1企业税务登记证(国税、地税均可) 2.2组织机构代码证 3.法定代表人身份证正反面 4.商标注册证或商标注册申请受理通知书 *需上传商标权利人到开店公司完整授权链(不超过4级)(完整的授权链路指从商标权利人到开店公司的整个授权链,以二级授权链路为例：商标权利人给A公司的授权书,A公司给开店公司的授权书) *若商标权利人为自然人,则需同时提供其亲笔签名的身份证复印件或原件	1.企业营业执照(三证合一的只需提供营业执照图片) *不支持申请类型：个体工商户 *支持分公司进行申请 2.注意非三证合一的营业执照还有补充： 2.1企业税务登记证(国税、地税均可) 2.2组织机构代码证 3.法定代表人身份证正反面	1.身份证原件照片人像面 2.身份证原件国徽面 3.个体工商户营业执照	1.身份证原件照片人像面 2.身份证原件照国徽面

图3-18 店铺类型及资质

2. 个体工商户可以开设哪些类型的店铺？

个体工商户只可以开设个体工商户的店铺。

相关链接：https://ims.pinduoduo.com/questions

项目总结

目前电商平台特别多，如何选择合适的电商平台，商家要从多方面去考虑。

首先要确定自己的商品所属行业，如服装行业、农副产品或家居，要根据行业判断适合自身的电商平台。其次是定位消费群体，消费群体是特定的群体还是普通的广大民众。再次是了解平台的流量，要考虑自身商品流量大的平台。然后还需要考虑平台收费问题，因为这关系到经营的最终盈利；另外还需考虑平台操作的便捷性，如商品上架、装修、用户注册、下单、支付等。最后要考虑平台的安全和服务，包括资金是否安全、平台是否符合国家政策、有问题能否及时处理等。这些都是在选择电商平台时需要考虑的因素。

项目三 电子商务平台的选择与开店

效果评价

一、填空题

1. 目前淘宝店铺分为三种类型，即（　　）、（　　）、（　　）。
2. 天猫店铺也分三种类型，即（　　）、（　　）、（　　）。
3. 京东店铺分两种类型，即（　　）、（　　）。
4. 京东的特点：（　　）、（　　）、（　　）。
5. 京东POP模式的四种细分模式：（　　）、（　　）、（　　）、（　　）。

二、选择题

1. 个体工商户可以开设（　　）类型的店铺
   A. 个体工商户
   B. 民体工商户
   C. 企业工商户
   D. 工体工商户
2. 支付宝认证的步骤是（　　）
   A. 打开支付宝App→个人信息→身份认证去完善信息→单击左上角头像位置→我的
   B. 打开支付宝App→单击左上角头像位置→个人信息→身份认证去完善信息
   C. 打开支付宝App→我的→单击左上角头像位置→个人信息→身份认证去完善信息
   D. 打开支付宝App→我的→单击左上角头像位置→身份认证去完善信息
3. 京东注册店铺的资质需要（　　）（多选）
   A. 三证合一营业执照
   B. 法人身份证
   C. 销售授权
   D. 一般纳税人资格证
   E. 授权书
   F. 银行开户行许可证

三、简答题

1. 简述在淘宝开店的流程。
2. 简述在京东开店的流程。
3. 简述在拼多多开店的资质要求。

项目四 店铺设置与装修

情景描述

　　三只松鼠是以坚果、干果、茶叶等"森林"食品为主的知名电商品牌,其店铺 Logo(商标)、首页、详情页的装修设计,都采用了亲民的卡通虚拟形象,以此塑造了品牌的独特视觉效果。这种视觉的呈现,让消费者深深地记住了这只超萌小松鼠形象,同时也传递出为全人类寻找最新鲜、最健康、最好吃的休闲食品的使命,创造了中国互联网食品的一个奇迹,三只松鼠店铺首页如图 4-1 所示。

图 4-1　三只松鼠店铺首页

项目四 店铺设置与装修

任务一 掌握店铺的基本设置

任务描述

店铺的设计是开展电商运营的基础设置，也是商家打开运营大门的前提。就像建房子首先需要先打好地基，以承载房子的重量，否则房子建起来可能存在安全隐患，并不能达成建房的目标。

相关知识

店铺基本设置作为商家对消费者展示的官方"身份证"，会展示"商家信息、商品信息、联系方式、店铺基本设置"等基本模块，是商家开店之初务必熟练掌握的内容及模块。

本任务将以京东商家为例为大家介绍店铺基本信息管理的具体操作。首先打开京麦后台，鼠标移至侧边栏目录的店铺管理处，出现店铺设置、店铺装修、品牌管理、商家服务中心和地址管理等操作，如图4-2所示。

图4-2 店铺管理

一、店铺基本信息管理

店铺基本信息管理主要包含商家信息、公司资质、经营资质、联系信息、功能设置、服务协议、申请退出、保证金信息八个方面，如图4-3所示。

图 4-3　店铺基本信息管理

1. 商家信息

商家信息是指与经营者身份相关的信息，如图 4-4 所示。

图 4-4　商家信息

（1）商家信息。

商家信息主要包含商家 ID、店铺 ID、店铺层级、商家类型、合同剩余时间、店铺主账号、运营联系人，这些都是商家"身份证"的相关要素。

公司名称是商家工商登记的营业执照名称，务必正确填写，不可有错字、漏字。

商家编号是一串数字，店铺申请通过后自动分配。

店铺名称既要突出商家所经营的商品，又要遵守京东发布的店铺名称规则。京东的店铺名称规则于 2013 年 5 月首次发布，已调整优化多次。最新修订后的规则于 2020 年 3 月 23 日生效。修订后的规则主要由店铺命名限制、各类店铺命名规则、特殊类型店铺命名规则、店铺命名可选类目关键词表和附则组成。有商家在初期随意取了名字后又想修改，但修改比较麻烦，需要提供各种相关材料申请变更，一般需要 5 个工作日审核，后台会提供详细的操作流程。

店铺域名，即消费者可以直接搜索到商家店铺的网址，如图 4-4 所示的网址类型为默认域名。为方便记忆同时突显品牌形象，商家一般会将默认域名设置为二级域名显示，如图 4-5 所示。

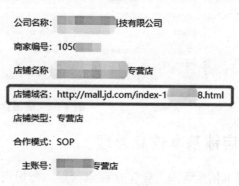

图 4-5　二级域名

(2) 公司地址及税务信息。

公司地址及税务信息，按照实际情况填写即可。纳税人是纳税义务人的简称，也常称纳税主体，是税收法律所规定的直接负有纳税义务的单位与个人。根据《中华人民共和国纳税人增值税暂行条例》实施细则，纳税人的认定标准及管理划分为一般纳税人和小规模纳税人。关于纳税类型税码和类型，打开国家税务总局网站的企业界面，企业信息有注明公司是一般纳税人还是小规模纳税人，即可查阅对应的税率，如图4-6所示。

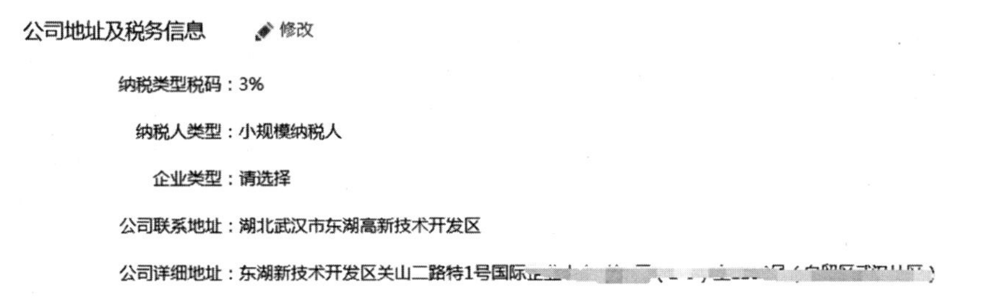

图4-6 公司地址及税务信息

(3) 结算银行信息。

如图4-7所示，结算银行信息即为商家自己的开户银行信息，用于京东平台收入结算，必须正确填写。所填写的银行账户需经过验证，该验证必须是主账号申请，子账号无此权限。

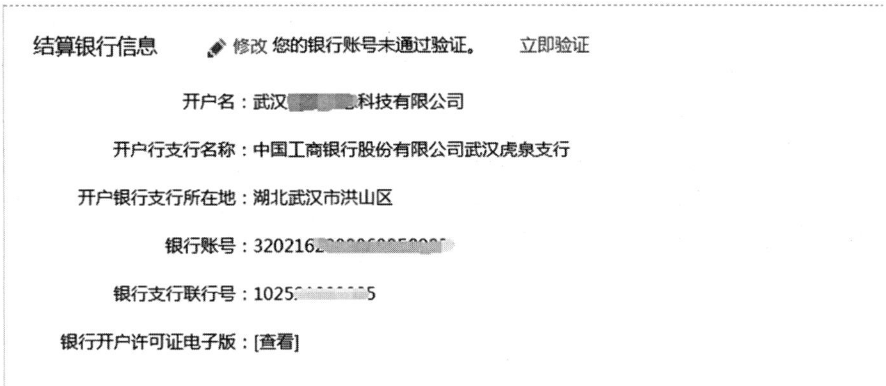

图4-7 结算银行信息

(4) 京东钱包信息。

京东钱包主要围绕京东支付体系搭建，是京东金融旗下个人资产管理平台，是网银在线的个人账户产品，开通后方便收付款使用。作为新开店铺，建议商家进行实名认证，登录京东钱包即可查询余额，如图4-8所示。

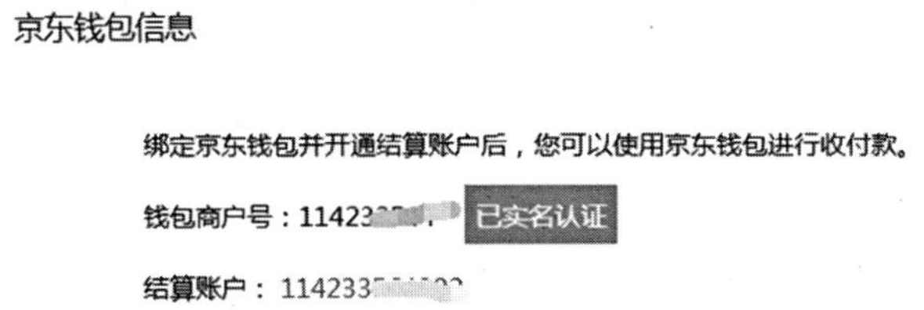

图4-8 京东钱包

2. 公司资质

公司资质主要包括公司营业执照信息、公司组织机构代码和公司税务登记信息，按照证件实际内容填写并上传即可，三证合一后只需上传营业执照图片，如图4-9所示。当证件临近过期，目录上方会有黄色提醒更新证件资质。

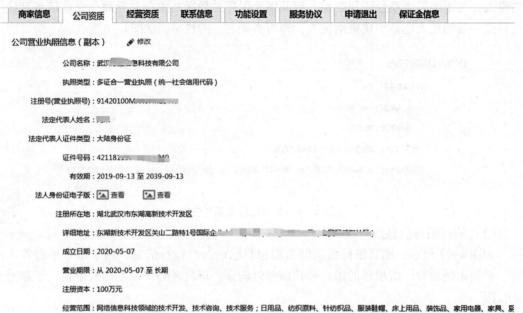

图4-9　公司资质

3. 经营资质

经营资质根据商家所卖商品的类目选择填写即可，如图4-10所示。

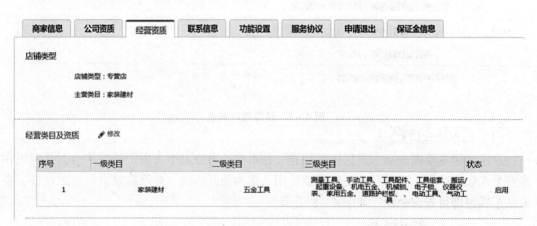

图4-10　经营资质

4. 联系信息

联系人信息栏不可忽视，该栏可填写多个联系人信息，如公司负责人、店铺负责人、运营联系人、售后联系人、财务联系人、技术联系人等，都需正确填写。若店铺出现紧急状况，平台联系不上店铺相关人员，则可能造成店铺的损失，如图4-11所示。

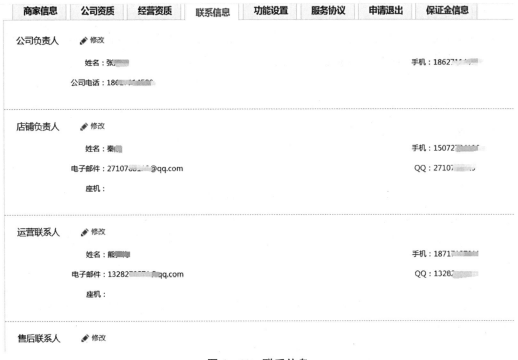

图 4-11　联系信息

5. 功能设置

功能设置的主要功能是邀请他人开店，京东平台很多类目限制招商，对于邀请制类目需要先拿到名额才能入驻，如图 4-12 所示。

图 4-12　功能设置

6. 服务协议

服务协议有京东物流服务和买实物赚积分服务，商家可以根据自己的需求开通。如果商家想用京东物流来发货，需要先跟京东站点沟通，准备好合同资料再在线上签署服务协议，成功后即可享受京东的物流服务、货到付款服务等，如图 4-13 所示。

图 4-13　服务协议

7. 申请退出

申请关店必须由主账号申请，子账号没有权限进行该项操作，如图4-14所示。

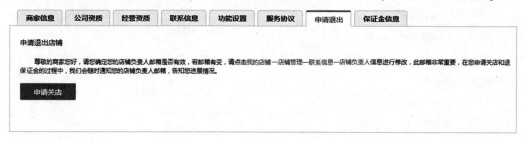

图4-14 申请退出

8. 保证金信息

保证金，即商家开店时向京东平台所交的保证金，合同到期后可申请退还，如图4-15所示。

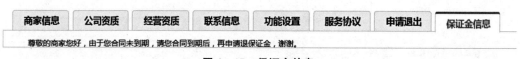

图4-15 保证金信息

二、店铺设置

如果店铺的基本信息管理是商家在电商平台的身份证信息，店铺装修属于软装，那店铺设置就相当于硬装。基本的店铺框架主要在这一版块体现，如图4-16所示。店铺设置主要分为店铺基本设置、店内分类管理、银行账号验证、消息接收设置、二级域名申请、个人卡支付授权六个部分。

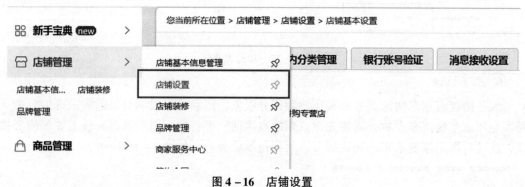

图4-16 店铺设置

1. 店铺基本设置

店铺的基本设置后台，如图4-17所示，这里需要注意的是新开店铺的Logo处是空白的，需要上传符合格式要求的Logo，上传时注意尺寸要求，不要使用变形或模糊的Logo，以免影响店铺品牌形象。店铺简介与品牌简介的填写应以方便客户搜索为导向，按规范认真填写。

填写基本信息

店铺名称：●■■家装建材拼购专营店

主营类目：家装建材

店铺Logo：图片尺寸要求为300*300的正方形图片，仅支持jpg,png和gif

选择文件 未选择任何文件

店铺Logo：图片尺寸要求为180*60的长方形图片，仅支持jpg,png和gif

选择文件 未选择任何文件

店铺简介：店铺简介将显示在商店铺列表中，限制在20个字以内。

主营：电动工具，家用五金等，欢迎前来选购

品牌简介 B U S 臣 ∞ ☒ ①

品牌 ■■■

图 4-17　店铺基本设置

2. 店内分类管理

店铺商品的分类在店内分类管理页面设置，可设一级分类和二级分类，移动上下符号可调整排序。如图 4-18 所示，五金工具为店铺的一级分类，且显示在最上面；测量工具、手动工具和工具配件均为五金工具下的二级分类。一级分类下可添加多个子分类，二级分类下不可再添加。

图 4-18　店铺分类设置

该设置在前台显示界面如何分辨有无子类呢？目录前有"＋"的代表下设子分类，单击后子分类展开，"＋"显示为"－"，如图 4-19 所示。

图 4-19　店内分类

分类可随时添加或删除，操作完后单击"保存"按钮，前台方可显示，如图 4-20 所示。

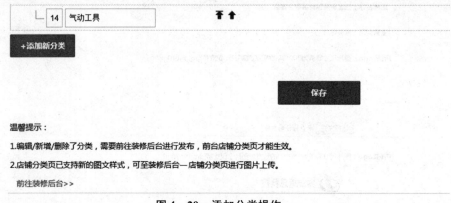

图 4-20　添加分类操作

3. 银行账号验证

前面关于商家信息的内容中，所填写的银行结算账号需要通过验证才能作为结算账户使用。验证流程分为四步：①勾选确认以上信息；②单击"申请验证"按钮，上面的流程图会显示所在阶段；③京东会给所填写的对公账户打一笔小额款项；④填写所打款的准确金额后即可验证通过，如图 4-21 所示。

图 4-21　银行账号验证

该验证是必不可少的一步，京东店铺的货款或京东钱包里的金额需要提到此结算账户上。

4. 消息接收设置

消息接收设置主要是店铺在经营活动过程中的各种消息提醒设置，包含订单、营销活动、售后、纠纷赔付、商品问题、结算及违规等提醒。一般情况下，系统默认为接收，也可根据需要更改接收模式，如 IM 接收、邮件接收等方式，如图 4-22 所示。

序号	消息类别	接收方式	备注	操作
1	咚咚举报通知	默认	咚咚举报通知	设置
2	品牌侵权管理	默认	品牌侵权管理	设置
3	商家提效工具	默认	商家提效工具	设置
4	门店新订单	默认	门店新订单	设置
5	商家扶持	默认	新商家扶持相关消息	设置
6	品牌投诉管理	默认	品牌投诉管理	设置
7	平行优惠—价格风险预警	默认	平行优惠—价格风险预警	设置
8	京挑客	默认	京挑客	设置
9	容量不足提醒	默认	容量不足提醒	设置
10	新任务	默认	新任务	设置
11	平行优惠—0元风险预警	默认	平行优惠—0元风险预警	设置
12	咚咚系统通知	默认	咚咚系统通知	设置
13	取消订单	默认	取消订单	设置
14	京小贷	默认	京小贷	设置
15	商品下架	默认	商品下架	设置
16	任务回执	默认	任务回执	设置
17	新订单	默认	新订单	设置
18	待回复纠纷单	默认	待回复纠纷单	设置
19	协商再投通知	默认	协商再投通知	设置

图 4-22 消息接收设置

5. 二级域名申请

店铺默认域名有比较长的后缀（该数字为店铺 ID），不方便商家及客户记忆或使用，如图 4-23 所示，商家可根据自己经营的商品，申请短而好记又能彰显品牌特色的字母符号作为店铺地址，即二级域名。申请可分为三步：先在空白区域输入拟定的二级域名；然后单击"查询"按钮，确认没有重复后提交审核；待京东解析后即可生效。

图 4-23 二级域名申请

图 4-24 所示域名即为已申请成功的二级域名，店铺名称为珑庭，二级域名为珑庭的全拼字母，好记也具有品牌特性。店铺停用 30 天后域名失效并自动释放。域名自动释放可能会被别人使用，所以需注意时效。

图 4-24 二级域名管理

6. 个人卡支付授权

京东后台的支付一般是通过公账支付，如果需要通过个人来支付一些服务，就需要开通个人卡支付授权。开通个人卡支付授权可以省去银行打款的烦琐手续，实现实时预付。如图 4-25 所示，开通授权需单击"现在申请""京东审核"按钮，通过后即完成申请。

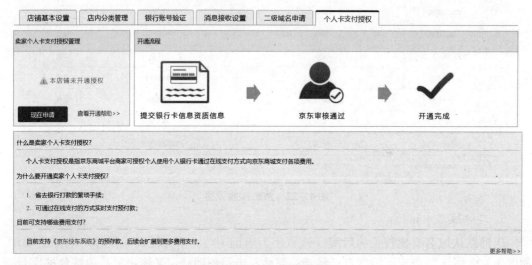

图 4-25 个人卡支付授权

任务二 了解店铺装修模板的使用

任务描述

店铺展示是电商平台的网店系统皮肤，是网店的名片、企业的形象。装修模板的体验感直接影响到店铺运营的成败。精美的店铺装修模板给消费者一种美的享受，并且可以留住消费者，提高交易成功率。

项目四 店铺设置与装修

相关知识

店铺的运营需要各方面的配合，一个好的店铺装修无疑能够吸引更多的消费者。店铺装修模板是已经设置好的代码，商家将其填充在相应的栏目区域，使店铺的整体布局更加美观、和谐；同时，模板的使用也使网站的信息发布变得简单容易，只需要在对应的版块栏目下发布信息即可。

本任务我们将从店铺装修入手，学习各个店铺装修模块及其使用从而达到最终店铺装修的目的。

一、店铺装修

（一）什么是店铺装修

店铺装修的优劣，直接影响消费者的停留时间和下单意愿，进而影响店铺销售。网上的店铺装修类似于实体店铺的装修，装修的风格是店铺给消费者的直观感受，商品陈列合理、美观能吸引消费者购物，甚至多次消费。

一个好的店铺装修，可以提升品牌的有效曝光度；另外，好的形象设计可以塑造店铺的风格。店铺装修不仅传递着商品的信息，还能体现店铺的经营理念和文化等，有利于店铺品牌的形成。

（二）店铺装修的作用

（1）能够给消费者提供更便捷的服务，消费者能简单快速地找到自己需要的商品，会给消费者留下好的印象。

（2）能够促进消费者下单，降低跳失率，提高转化率，增加消费者的购买欲望。

（3）容易让消费者对店铺有清晰的了解。

（4）能够让消费者记住店铺。

（5）能够提升销量。

（6）能够给商家带来利益。一个美观且呼应商品的装修风格，会吸引更多的潜在消费者。

二、店铺装修模块

（一）店铺招牌

店铺招牌统称店招，展示在店铺所有页面的最上方，是店铺形象和风格的代表，直接决定了消费者对店铺的第一印象，如图4-26所示。店招中包含文字、图片、图形等元素，通过这些元素的组合，可以体现店铺广告、收藏、关注、促销、优惠券、搜索框等内容。因版面有限，店招可通过几个内容的组合进行展现。

为了更好地进行店铺商品的推广，给消费者留下深刻的印象，设计师在设计店招时会遵循两个原则：一是凸显品牌形象；二是抓住商品定位。品牌形象的凸显可以通过店铺的名称、Logo 来体现；商品定位需要根据店铺的商品来进行设计，如店铺的爆款商品、优惠信息、宣传标语等。

图 4-26　店招

（二）店铺分类

店招与导航条跟店铺分类密切相关，一般用店铺分类作为导航条的内容，将店铺所有商品按照一定的标准进行分类，可帮助消费者快速找到需要的商品。

店铺分类尽量简单、直接，不要为凸显商品种类的丰富刻意划分太多的类型，如服装可以按性别分为男款和女款，按季节分为春装、夏装、秋装和冬装。除了这些大的分类，还可以细分，如上衣款分为短袖、中长袖和长袖等。如果店铺的商品数量较多，尽量细分；如果数量不多，尽量简洁分类。

店铺分类不建议设置二级子类目，避免增加消费者操作难度，设计单层店铺分类可将店铺商品直观展现在导航条中，方便消费者快速找到需要的商品，增加页面访问深度。

（三）导航条

导航条彰显店铺个性，主要对商品信息起导航作用，默认的内容包括所有商品、首页、店铺动态等。商家可根据店铺的特殊情况添加适合的导航按钮，如店铺刚上新冬装，即可以添加"冬装上新"导航。

导航条的装修操作：

第一步：打开"店铺装修"页面，单击"电脑端"→"装修页面"按钮，如图 4-27 所示。

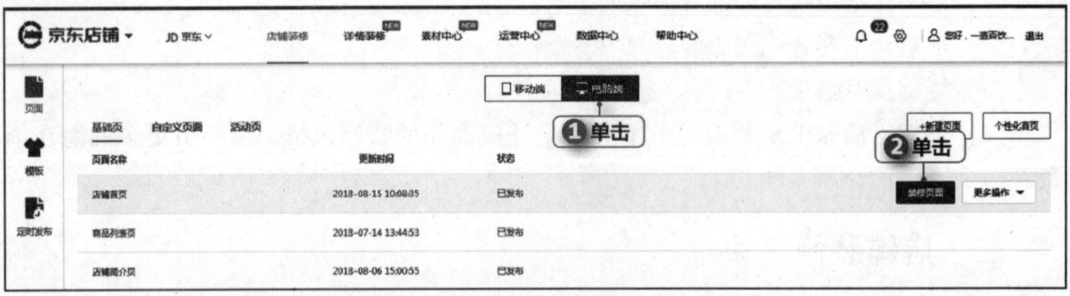

图 4-27　店铺装修

第二步：进行店招的装修。选择"新版店招"选项，单击"热区"→"从本地上传"按钮，如图 4-28 所示。

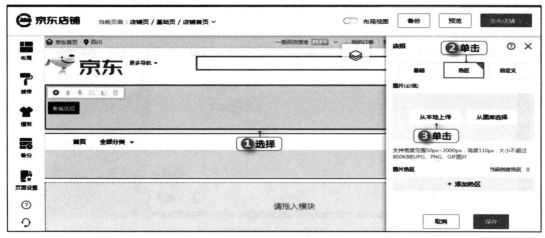

图 4-28　店招装修

第三步：选择要添加的图片，单击"打开"按钮，如图 4-29 所示。

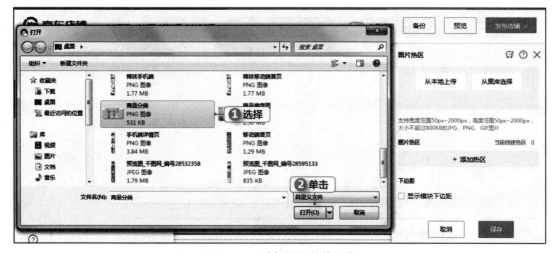

图 4-29　选择要添加的图片

第四步：单击"添加热区"按钮，如图 4-30 所示。

图 4-30　添加热区

第五步：选择"自定义链接"后输入链接地址，单击"确定"按钮，如图4-31所示。

图4-31　编辑链接

第六步：添加其他区域热区，单击"确定"按钮，如图4-32所示。

图4-32　添加其他区域热区

第七步：选择热区后单击"确定"按钮保存，如图4-33所示。

图4-33　完成店招的装修

视频二维码

（四）图片轮播

1. 关于图片轮播

图片轮播多用于传递最新商品信息、店铺最新优惠活动及店铺理念等。一个恰当的店铺图片不仅可以彰显店铺的风格，还可以向消费者传递出最新的商品信息、最新优惠活动等,是一个功能齐全的首页配件。

商品推荐设计要多角度凸显商品信息。需要注意的是,商品展示时应该尽量避免出现重复商品,设计人员不能只多次展示同款商品,还需要合理展示。

页尾与店招有承上启下的作用,属于首页的结尾部分,在页尾中不但需要对首页进行总结,还可添加分类信息,使其与店招和导航条对应。这样,当客户需要重新浏览时会更方便。

2. 图片轮播装修操作

第一步:单击"装修图标",选择"图片轮播"模块,如图4-34所示。

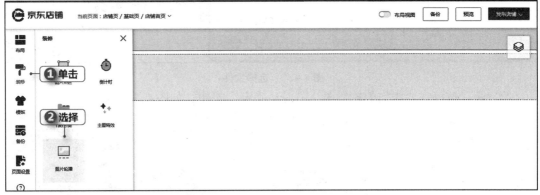

图4-34 图片轮播

第二步:将"图片轮播"模块拖动到装修区域中,如图4-35所示。

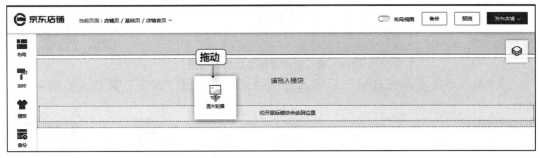

图4-35 添加轮播模块

第三步:输入图片高度和宽度,单击"上传图片"图标,如图4-36所示。

图4-36 设置高度和宽度

第四步：选择需要上传的文件，单击"打开"按钮，如图4-37所示。

图4-37 选择文件

第五步：选择需要添加的轮播图，单击"确定"按钮，如图4-38所示。

图4-38 选择需要添加的轮播图

第六步：单击"添加链接"后输入链接网址，再单击"确定"按钮，如图4-39所示。

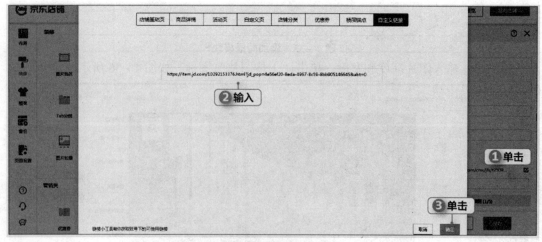

图4-39 插入链接

第七步：单击"添加轮播图"按钮，如图4-40所示。

图4-40　添加轮播图

第八步：添加轮播图后，轮播图装修完成，单击"确认"按钮，如图4-41所示。

图4-41　轮播图装修完成

（五）优惠券

1. 关于优惠券

明确优惠券的使用条件、使用时间、使用方式等，以此限定优惠的对象，引导店铺流量走向。

（1）明确优惠券的使用条件，如全场购物满168元可以使用10元优惠券、满288元可以使用20元优惠券等。

（2）明确优惠券的使用时间，如店铺是短期推广，应当限定使用日期，设置优惠券的到期时间，以周期为1个月最佳；若做促销活动，优惠券的使用周期是对应的促销天数。限制使用时间可以让消费者产生过期浪费的心理，可以提高消费者的购买率。

（3）设置使用张数限制，如每笔订单限用一张优惠券，这样可以限制非预计的折上折情况。

优惠商品推荐中每一个商品的名称定义要全面、准确，不能过于复杂或过于简单，以体现商品名字和特点的名称为最佳。商品促销展示区中的每一个单品都是吸引客户单击的重要图片,除了选择店铺中热销商品外,还可以选择部分新品、有特色商品,进而达到吸引消费者点击的目的。在设计过程中要保留商品的真实性,并且商品库存要充足,以支持上架和推荐,同时也更便于模块设计。

2. 优惠券装修操作

第一步:选择"图片热区"模块,单击"从本地上传"按钮,如图 4-42 所示。

图 4-42 图片热区

第二步:选择需要的图片,单击"打开"按钮,如图 4-43 所示。

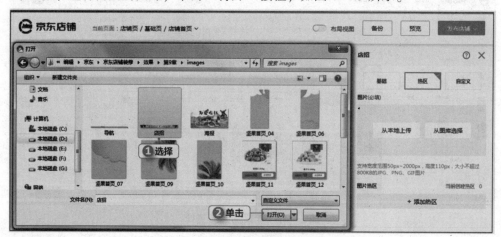

图 4-43 选择图片

第三步:单击"添加热区"按钮,如图 4-44 所示。

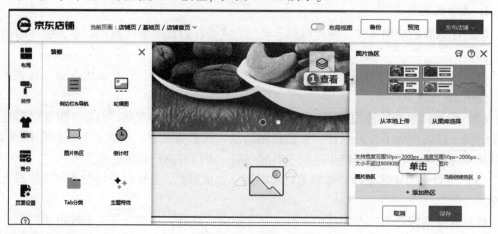

图 4-44 添加热区

第四步：选择"自定义热区"选项，输入链接网址，再单击"确认"按钮，如图4-45所示。

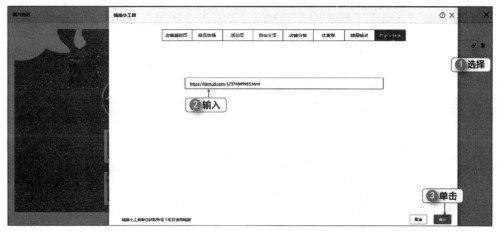

图4-45 自定义链接

第五步：绘制其他区域热区，选中图片热区区域后输入链接网址，单击"确定"按钮，如图4-46所示。

图4-46 绘制其他区域热区

第六步：单击"保存"按钮，如图4-47所示。

图4-47 保存设置

三、使用店铺装修模板完成店铺装修

以"京东装修市场"装修店铺首页为例,展示通过使用店铺装修模板快速完成店铺装修。

第一步:打开"京东装修市场"页面,在左侧选择对应的行业分类,右侧将显示对应的装修模板,如图4-48所示。

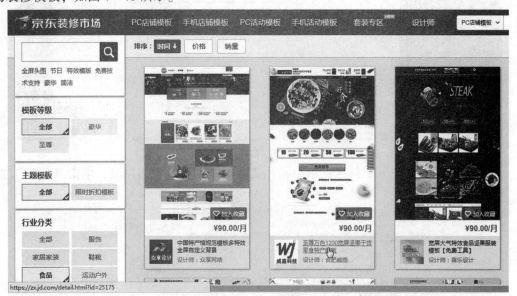

图4-48 京东装修市场

第二步:依次选择"详情装修""模板""选购更多模板"选项,如图4-49所示。

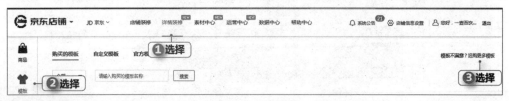

图4-49 选购模板

第三步:选择模板,如图4-50所示。

图4-50 选择模板

第四步：购买模板，如图 4-51 所示。

图 4-51　购买模板

第五步：选择装修的商品，如图 4-52 所示。

图 4-52　选择装修的商品

第六步：应用模板，如图 4-53 所示。

图 4-53　应用模板

第七步：装修页面，如图4–54所示。

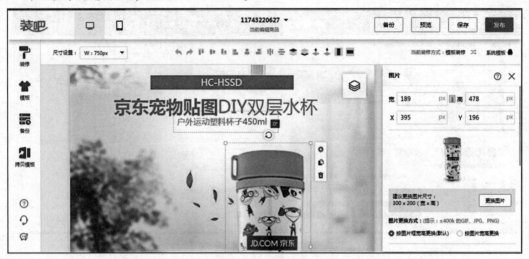

图4–54　装修页面

任务三　学习店铺个性化设计

任务描述

店铺的设计，反映了商家的经营内容和经营风格，并传达出店铺的经营规模和档次。一个现代风格的店面设计，传达出店主追求时尚、崇尚超前的理念，从而可以吸引关注这方面的消费者。

相关知识

一个好的购物空间不仅能够让人在购物时心情愉悦，也能在一定程度上刺激消费者的购买欲望。店铺的个性化设计是店铺运营中打造差异化品牌形象的重要阵地。那么通过本任务的学习，可以了解到一个优秀的店铺设计出来之前应该有哪些准备工作，怎样通过文字、色彩、构图的相互配合打造一个具有个性化的店铺设计。

一、店铺设计的前期准备

店铺设计前，商家需要了解哪些地方需要装修，了解装修所用的图片尺寸和大小等。除店招可以直接从电脑上传外，其他图片都需要外部链接的支持，这需要配备一个好的图片存储空间。

商家应明确店铺视觉设计的目的和作用。店铺视觉设计是将商品卖点、企划信息、品牌信息等通过视觉系统传达给消费者，以增加点击率、转化率，并提升品牌形象，最大限度地增强商品与消费者之间的联系，达到销售的目的。提升视觉冲击力是影响品牌文化的手段之一。

二、影响店铺视觉效果的因素

优秀的商家会使用吸引人眼球的图片和内容影响消费者"需要什么"，在商家这里能"得到什么"。如果图片让消费者摇摆不定，或者给消费者太多选择，反而会"赶走"他们，或者消费者花了很长时间才能在店铺中找到他们需要的商品，这些都会给他们一种不好的体验感。

（一）色彩

为让消费者"一见钟情"，店铺界面的色彩很重要。如绿色会给人一种生机勃勃的感觉。色彩会带给人神经系统刺激，这也是色彩的魅力所在。

色彩营销就建立在了解和分析消费者心理的基础上。商家首先需要对商品准确定位，然后在其基础上对商品、包装详情页及店铺首页等配以恰当的色彩，突出页面色彩的感染力，搭建与消费者沟通的桥梁，实现"心理—色彩—商品"的统一，将商品的理念传达给消费者，从而提高营销的效果。

1. 色彩的原理

自然界中绝大部分的可见光谱可以用红、绿、蓝三种光按不同比例和强度的混合来实现，它们混合在一起可以搭配出各种各样的色彩，如青、黄、洋红。图4-55所示为三原色。

图4-55 三原色

2. 色彩的分类

通常将色彩分为有色彩和无色彩。有色彩系简称彩色系，彩色是指红、橙、黄、绿、蓝、紫等颜色；无色彩是黑、白和不同深浅的灰。

3. 色彩的构成要素

色彩是通过人眼、脑和生活经验所产生的一种对光的视觉效应。在色彩的视觉搭配中，色相、明度、纯度是色彩的三个要素，是人眼能够正常感知色彩的基本条件。熟悉并灵活应用三要素是视觉设计的基础，合理搭配色彩可以让主图更为突出。

（1）要素一：色相。

色相，即各类色彩的相貌称谓，如大红、普蓝、柠檬黄等。色相是色彩的首要特征，是区别各种不同色彩的标准之一，如图4-56所示。

图4－56 色相

不同的色彩环境会引起人类不同的情感和共鸣。当一个人看到红、红橙、橙、黄橙、红紫等颜色后，容易联想到太阳、火焰、热血等事物，产生温暖、热烈、危险等感觉，故称之为"暖色"。而蓝、蓝紫、蓝绿等颜色则容易联想到天空、冰雪、海洋等事物，易产生寒冷、理智、平静等感觉，故称之为"冷色"。绿色代表青春、生命、和平；紫色易使人联想到花卉、水晶等稀贵物品，故易产生高贵、神秘的感觉。这些没有明显冷暖倾向的颜色则称为"中性色"。图4－57为冷暖色渐变；图4－58为不同色相给人的感受。

图4－57 冷暖色

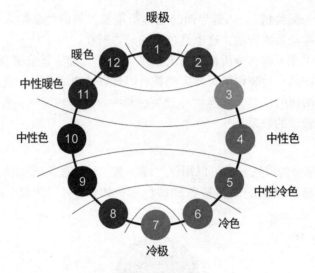

色相	色彩感受
红色	血气、热情、主动、节庆、愤怒
橙色	欢乐、信任、活力、新鲜
黄色	温暖、透明、快乐、希望、智慧、辉煌
绿色	健康、生命、和平、宁静、安全感
蓝色	可靠、力量、冷静、信用、永恒、清爽、专业
紫色	智慧、想象、神秘、高尚、优雅
黑色	深沉、黑暗、现代感
白色	朴素、纯洁、清爽、干净
灰色	冷静、中立

图4－58 色彩感受

例如，从色相的角度分析，三只松鼠商品海报（如图4－59所示）的主色以蓝色这一冷色调为主，而将商品和促销信息用暖色调和中性色来展示，通过冷暖色形成视觉冲击，从而突出主题。这种冷暖色的使用使整体画面和谐，达到视觉平衡和突出主题的作用。

图 4-59 三只松鼠海报

（2）要素二：明度。

明度指色彩的明亮程度，是有色物体因反光量的区别而产生颜色的明暗强弱现象。明度是在有色彩中加入黑色和白色，黑色加的越多则越暗，白色加的越多则越亮。明度可以简单理解为色彩的亮度，不同的色彩具有不同的明度，如图 4-60 所示。

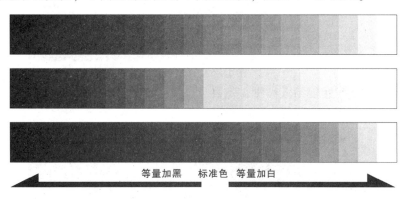

图 4-60 明度变化

色彩的明暗程度会影响人眼球对事物轻重的判断。如看到同样重量的物体，因为物体明暗程度不同，会有不同的轻重判断，对于黑色或者暗色系列的物体会觉得较重；相反，对于白色或者亮色系列的物体会觉得较轻，如图 4-61 所示。

图 4-61 明暗程度对比

（3）要素三：纯度。

纯度又称饱和度，指色彩的纯净或鲜艳程度。饱和度越高，颜色越鲜艳，视觉冲击力越强。饱和度的高低取决于该色中所加灰色的比例。灰色成分越低，饱和度越大；灰色成分越高，饱和度越小，如图 4-62 所示。

饱和度逐渐降低　　原始颜色

图4-62　纯度（饱和度）

4. 色彩的搭配

色彩的搭配是一门技术，灵活运用色彩搭配技巧能增加图片的视觉美观度。

白色被称为全光色。在视觉营销中，白色带给人高级和科技的感觉，但纯白色会带给人寒冷、严峻的感觉。所以在使用纯白色时，都会掺一些其他的色彩，形成象牙白、米白、乳白、苹果白等，如图4-63所示。

图4-63　白色示例

在视觉搭配中，黑色能给人高贵、稳重、科技的感觉，许多科技类商品，如电视、摄影机、音箱大多采用黑色，如图4-64所示。

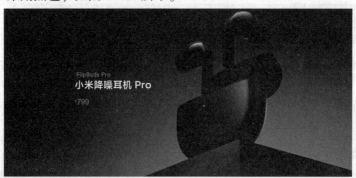

图4-64　黑色示例

绿色本身会营造出与健康相关的感觉，所以经常用于与健康相关的设计中。当绿色和白色搭配使用时，给人自然清新的感觉，如图4-65所示。

图4-65　绿色示例

高饱和度的蓝色会营造出一种整洁、轻快的感觉,低饱和度的蓝色会给人一种都市化的现代派感觉。蓝色和绿色、白色的搭配在日常生活中随处可见,蓝色的应用范围也很广泛,如图4-66所示。

图4-66 蓝色示例

红色是强有力、喜庆的色彩,给人热情、有活力的感觉。高明度的红色与灰色、黑色等搭配使用,可以给人一种现代且激进的感觉,低明度的红色给人一种冷静沉着的感觉,适合营造古典的氛围,如图4-67所示。

图4-67 红色示例

(二) 文字

文字是设计中必不可少的一部分,在电商设计中,设计师对文字的使用十分重要。为了给消费者的阅读带来更好的体验,设计师需要在了解消费者流量习惯的基础上对文字进行排版,同时需兼顾PC端和无线端等不同显示设备的特征,以保证排版的合理性和可读性。文字的设计不仅仅是字体的选择,恰到好处的文字运用是销售商品的重要因素。合理利用文字的特性、发挥文字的作用有利于商家将所要传达的理念或者商品的卖点生动地展示给消费者。

1. 文字字体的选择

不同的字体类型可以带给人不同的视觉感受,传统的字体类型分为楷书、草书、隶书、篆书、行书五种。从视觉感观与应用的角度来讲,还可以把字体类型分为宋体类、黑体类、书法体类和艺术体类四种。

(1) 宋体类:宋体类是比较传统的字体,字形方正,笔画横平竖直,末尾有修饰部分,结构严谨,整齐均匀,在秀气端庄的同时还具有极强的笔画韵律性,在阅读时会有一种舒适醒目的感觉,如图4-68所示。

图 4-68 宋体类示例

（2）黑体类：黑体类，没有衬线修饰，字形端庄，笔画横平竖直。黑体类的商业气息浓厚，其"粗"的特点能够满足消费者对于文案"大"的要求，常表现阳刚、气势、端正等含义，可用于科技、数码、运动等商品海报或商品详情页等大面积使用文字的页面中，如图 4-69 所示。

图 4-69 黑体类示例

（3）书法体类：书法体类包括隶书体、行书体、草书体、篆书体和楷书体五种。书法体能赋予商品较强的文化底蕴，字形自由多变、顿挫有力，力量中掺杂着文化气息，常带给人一种古典文化的美好意境，如图 4-70 所示。

图 4-70 书法体类示例

（4）艺术体类：艺术体类的笔画和结构一般都进行了形象化，常用于海报制作或模板设计的标题部分，适当地应用艺术体类有提升艺术品位的效果。常用的艺术体类包括娃娃体、新蒂小丸子体、金梅体、汉鼎、文鼎等，如图 4-71 所示。

图 4-71 艺术体类示例

在店铺装修过程中，商家需根据商品的风格和类目选择和搭配字体，如走可爱路线的女装店铺，店铺中的字体可选择圆体、幼圆体等为主要字体，并搭配少女体、童童体和卡通体为辅助字体；走时尚个性的店铺则可选择汉仪中黑简体、汉仪中简黑字体、汉仪细简黑字体等汉仪字体为主要字体，还可选择大黑体、广告体和艺术体为辅助字体。

2. 文字的排版

当确定画面中的字体后，还需要对文字进行组合排版，让画面的展现效果更加充实、美观，在排版的过程中要注意技巧。

（1）字体的选用与变化：在排版店铺的广告文案时，选择2~3种匹配度高的字体是最佳的视觉效果。否则，字体过多会产生零乱而缺乏整体的感觉，容易分散消费者注意力，使消费者产生视觉疲劳。

（2）文字的统一：在进行文字编排时，需把握文字的统一性，即文字的字体、粗细、大小与颜色在搭配组合上有一种关联的感觉，这样才不会显得松散、杂乱。

（3）文字的层次布局：在进行文字的编排时，可利用字体、粗细、大小与颜色的对比来设计，以显示文本的级别和层次。

3. 文字在店铺设计中的作用

（1）强调作用。

一般情况下，我们在阅读媒介文章时，都会先看标题。标题有主标题、副标题。主、副标题都是快速传递大量信息的方式。

主标题作为主要文案信息，可进行字体放大加粗处理。副标题作为辅助信息，不能超过主标题字号，字体也可与主标题稍做区别。

如图4-72所示，"开门红狂欢"作为主标题，"领券满199减100"作为副标题，对主标题的核心点做进一步的说明。

图4-72 主、副标题的搭配示例

（2）描述作用。

商品详情页中，都会有对商品的描述性文字。这些文字有介绍商品卖点的，有描述商品功能的，有介绍商品参数和品牌故事的。设计师需要选择合适、可读性高的字体和字号分别对这些内容进行设计，方便消费者在购买商品时了解商品的卖点、属性等基本信息，如图4-73所示。

（3）装饰作用。

在详情页中，有些文字可以起到装饰、点缀、弥补空白、提高品质感等作用。它们使用的频率很高，有中文和英文两种形式。这些文字基本在主标题下方，或某一角落处，如图4-74所示。

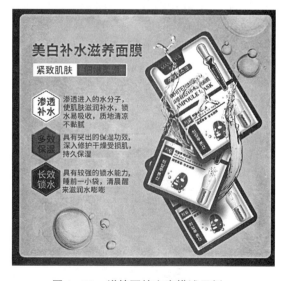

图4-73 详情页的文字描述示例

图 4-74 文字的装饰示例

(三) 构图

构图是设计师从混乱的视觉元素中找到符合商品展示属性的逻辑。在电商设计中,运用合理的构图能帮助消费者在各个元素或者商品之间建立某种联系,帮助消费者快速地找到需要的东西,也可以帮助店铺营造气氛。

学习构图前,先认识点、线、面三大基本构图元素。

点是可见的最小的形式单元,具有凝聚视觉的作用,使画面布局显得合理舒适、灵动且富有冲击力。点的表现形式丰富多样,既包含圆点、方点、三角点等规则的点,又包含锯齿点、雨点、泥点、墨点等不规则的点。

线在视觉形态中可以表现长度、宽度、位置、方向性,具有刚柔共济、优美和简洁的特点,经常用于渲染画面,引导、串联或分割画面元素。线分为水平线、垂直线、斜线、曲线。不同线的形态所表达的情感是不同的,直线单纯、大气、明确、庄严,曲线柔和流畅、优雅灵动。

点的放大即为面,线的分割产生各种比例的空间也可称为面。面有长度、宽度、方向、位置、摆放角度等特性。面在设计中的表现形式一般分为两种,即几何形和自由形,在版面中面具有组合信息、分割画面、平衡与丰富空间层次、烘托与深化主题的作用。

常见的构图形式有平衡式构图、韵律式构图、非常规式构图。

(1) 平衡式构图(对比图)。

在视觉设计中,平衡感是非常重要的。一般情况下,为保证视觉平衡,会使用左图右文、左文右图、上文下图、中心构图等构图方式,以使页面整体平衡。图 4-75 所示为中心构图示例。

图 4-75 中心构图示例

图4-76为左文右图示例。主题文字放在海报左部，为保证整体画面的平衡感，设计师在左右两边分别加入装饰性的素材和商品，保证左右内容平衡，从而达到页面视觉平衡。

图4-76 左文右图示例

（2）韵律式构图。

在构图中，除了平衡感外，视觉整体的韵律感也非常重要。与音乐中的韵律相似，视觉设计也需要节拍、节奏及各种元素的组合，形成统一、连贯、舒适的布局，如图4-77所示。

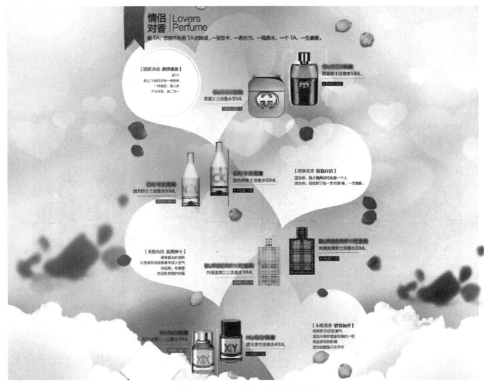

图4-77 韵律式构图示例

(3) 非常规式构图。

非常规式构图是区别于平衡式构图和韵律式构图的另一种构图方式。在这种结合多种设计门类的电商设计场景中，新颖的构图方式可以吸引消费者的目光，下面介绍几种常见的非常规式构图方式。

1）切割。切割可分为简单切割、对称切割、组合切割、多重切割等。

简单切割：用形状或者素材切分整个页面，使画面变得生动，如图4-78所示。

对称切割：前提是两部分图的关系是对立的，如对战、男女、冷热，将页面一分为二，在视觉上更有冲击力，如图4-79所示。

图4-78 简单切割示例

图4-79 对称切割示例

组合切割：集中而规律的排列，能从整体上抓住人的视觉。这种构图方式适合每个区块中内容平级的专题，如图4-80所示。

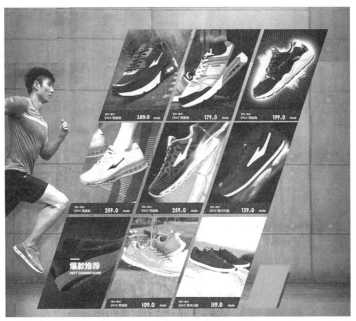

图 4-80　组合切割示例

多重切割：不规则的构图，稳定而锐利，易于辨识，体现了时尚感、科技感与先锋感的主题，如图 4-81 所示。

图 4-81　多重切割示例

2)主体轮廓。以拟形化的商品,如红包、灯泡、货架等,从整体上构建一个边界或外形,形成一个大的轮廓,将活动内容巧妙地填进去,如图4-82所示。

图4-82 主体轮廓示例

3）流程图。类似树权结构，以流程图的方式展示商品，这种构图方式能将步骤、关系及整体流向清楚地展示出来，简单明了，充满趣味性，如图4-83所示。

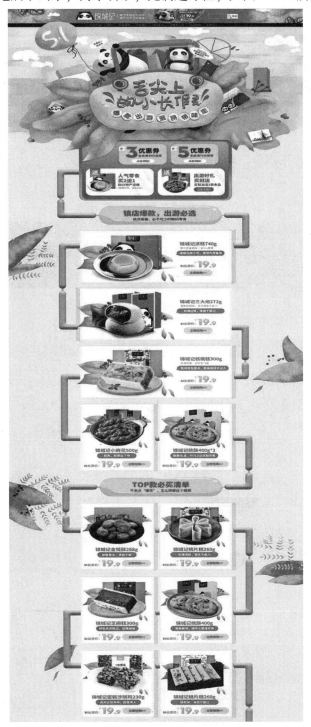

图4-83 流程图构图示例

4）留白。留白区域不局限于白色这一色彩，而是指空白，指某一区域内无额外元素，无装饰，从而可以更强烈地突出商品和文字信息，如图4-84所示。

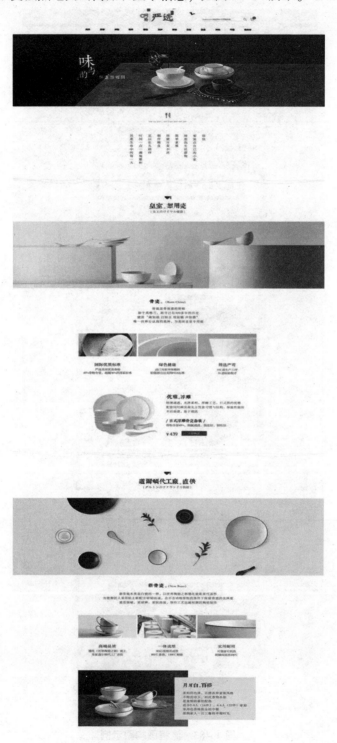

图4-84 留白示例

三、如何做店铺的个性化设计

（一）个性化的设计思路

个性化网站设计的主要目标是让消费者感知内容是满足他们的需要的。打造个性化的店铺，让消费者记忆深刻、迅速触达需求痛点。

在做设计之前，商家需要对市场进行分析，以分析结果作为店铺视觉设计的导向。

（二）市场分析

全面的市场分析，通常包括人群分析、竞店分析等。商家要先做人群分析，通过人群分析掌握商品消费人群的年龄、性别、地域、兴趣等信息，根据人群的特征定位店铺装修的视觉。然后是竞店分析，主要分析竞店的装修风格、商品属性、商品功能、商品价格，以在店铺装修设计时，根据分析数据做差异化的风格定位。

（三）店铺视觉定位的四个关键步骤

装修风格是店铺带给消费者的直观感受，如消费者在浏览过程中所感受到的店铺品位、艺术氛围等。如何让店铺的装修风格更能吸引消费者是商家应该重点考虑的。根据商品定位风格，以特色商品突出独特风格，根据品牌主色调定位风格。

第一步，定位店铺色彩。

色彩是影响顾客心理的第一视觉印记。

在选择店铺色彩时，既要区别竞品色彩，又要寻找能代表自身品牌理念的色彩，以塑造品牌调性，快速激发消费者的购买欲望。运用色彩激发品牌吸引力，能让消费者立即感受到强烈的视觉体验，从而在第一时间记住店铺。每种色彩都有自己的性格，被赋予了不同的含义，商家应根据自身定位选择色彩。

如在电商领域，红色往往让人第一个想起京东经典的大红色，红色的字体、红色的商品包装、红色的宣传海报、红色的对外形象等，是京东运用色彩塑造品牌的典范，如图4-85所示。

图4-85 京东经典的大红色示例

第二步，找到店铺的视觉符号。

视觉符号是唤起消费者情感共鸣的绝佳工具，视觉符号可以让人快速识别。

如在电商平台，京东所运用的小狗结合中文名就是京东的Logo，而简化的"JOY"轮廓是京东的视觉符号，通过对小狗形象的记忆识别，快速抓住受众视线，唤起消费者的记忆，引起共鸣，如图4-86所示。

图 4-86 京东视觉符号

在符号的运用上,蕉内从品牌名称的"内"中提炼抽象形态的"in"字,造型简约,后现代风格突出,从而形成蕉内品牌独有的品牌符号,同时将独有的视觉符号展现出来,帮助消费者记忆和识别品牌,并不断重复出现在各个位置,最终形成品牌印记,如图 4-87 所示。

图 4-87 蕉内视觉符号

三只松鼠 Logo 采用三只松鼠这一亲民的卡通虚拟形象,塑造出品牌的独特视觉符号,如图 4-88 所示。

图4-88 三只松鼠视觉符号

第三步,字体的选择。

字体是传达情绪的催化剂。

中文源于象形符号,是用来表意的,字体通过不同的造型结构、笔画特征,能传达不同的情绪。无论阳刚型字体的棱角分明、柔美型字体的优雅亲和,还是手写字体的舒适洒脱,无不表达着创作者的情绪与感染力。

寻找能传达商品情绪、突出商品特征的字体,能够吸引消费者产生情感上的共鸣。

如科技类商品和运动类商品需要突出商品的阳刚性,在文字字体的选择上,往往会选择字形挺拔、粗犷、棱角分明的硬性字体,这类字体气势突出、视觉冲击力强、个性张扬有力、节奏分明,适合表现强烈的信心和勇气,给人视觉上的震撼,如图4-89所示。

图4-89 科技类商品字体示例

女性类商品在中英文字体的选择上则应偏软——柔美、活泼、优雅、生动、亲和等,这类或柔美或圆润或优雅的字体适合表现情感细腻、有亲和力的商品,容易让人感受到商品的情绪,拉近与商品的距离,如图4-90所示。

图4-90 女性类商品字体示例

第四步，有创意的版式布局。

很多店铺版式的最大问题就是兼具各种版式，杂乱无章，其结果就是大杂烩，没有统一的版式编排。一个高度统一、风格独特的店铺，需要在色彩、符号、字体、版式等多个维度与细节上考虑并打磨，建立个性化的视觉识别系统。

（四）店铺视觉案例赏析

（1）小米的极简风，如图4-91所示。

图4-91 小米的极简风

（2）花笙记的中国风，如图4–92所示。

图4–92 花笙记的中国风

(3) 三只松鼠的"卖萌"风,如图4-93所示。

图4-93 三只松鼠的"卖萌"风

项目四 店铺设置与装修

项目总结

　　店铺的设置与装修是电商平台的视觉呈现形式，店铺设置的完整度和装修的个性化风格，不仅可以使消费者更快速地了解店铺商品、品牌特征，还能使店铺视觉更加地精美，增加店铺的整体调性，提升商品附加值、商品转化率、店铺复购率、品牌知名度等，并能体现出商家在经营过程中对店铺的重视程度。店铺装修水平的优劣，在很大程度上代表了店铺经营品质的高低。本任务从京东店铺设置与装修所需的知识出发，以工作流程为导向，让读者快速掌握开店的必要基础设置以及店铺装修设计所需要的技能，以提升店铺整体的视觉品质。

效果评价

一、填空题

1. 色彩的构成要素有（　　）、（　　）、（　　）。
2. 文字在店铺设计中起到（　　）、（　　）、（　　）作用。
3. 店铺的视觉定位的关键点有（　　）、（　　）、（　　）、（　　）。
4. 店铺类型一般分为（　　）、（　　）。
5. 商家经营模式分为（　　）、（　　）、（　　）、（　　）。

二、选择题

1. 店铺基本信息不包含以下哪项？（　　）

A. 商家信息

B. 经营资质

C. 商品管理

D. 服务协议

2. 以下（　　）不影响店铺视觉效果

A. 色彩

B. 文字

C. 构图

D. 活动

3. 以下关于网店二级域名的正确说法是（　　）

A. 不需要设置，默认域名更好

B. 可以设置个性好记、突出品牌特色的域名

C. 在店招里设置

D. 二级域名设置可以与其他店重复命名

三、简答题

1. 做店铺设计前要进行市场分析,请阐述需要做哪些市场数据的分析。
2. 分析经营学院风服饰的女装店铺的视觉设计思路。
3. 分析个人卡支付授权的必要性。

项目五

电子商务营销

情景描述

小张大学毕业后考上公务员，如愿进入了政府单位，干了两年后觉得工作不适合自己的性格与发展期望。听说有人下海经商很成功，他也心生向往，决定自己当老板，于是辞职后开了一家中国风的服装店，因面料舒服又显档次，风格独特，很快便有了生意，老顾客的复购率也高。但是时间一长，小张便发现只有附近的街坊邻居光顾，客流量并不大，销售额上不去，每个月除去房租、水电和进货成本后，也没剩下多少钱。

小张想到招聘兼职人员发传单宣传店铺，持续一个月后效果甚微。他分析这里的人口流动性并不大，传单一张张发出去，并没有给自己店铺招揽到多少顾客，还花了不少钱请兼职人员。

聪明的小张想到了火爆的网购市场，于是灵机一动，决定在京东上开店，把实体店搬到网上。在做了一系列的准备并交了保证金开店后，他发现自己的店铺似乎被埋在了无形的网络大海里，没多少人进店浏览，感觉店铺就像开在一条没有人流的街道上。他看到京东上有很多推广工具，听说"京东快车"推广效果好。小张使用"京东快车"推广后，生意是多了，但是成本太高，消耗不起，小张苦恼了。

有没有其他低成本的推广方式？小张想到了经常逛的论坛，于是，小张常去IT论坛发帖，告诉网友自己的京东店铺地址，结果不仅没有网友关注自己的店铺，还被论坛管理员警告限制发言了。小张更苦恼了。

小张的创业之路该何去何从呢？

思考：

1. 在京东上开店应该如何营销自己的店铺？
2. 小张应该在哪里宣传自己家的店铺？
3. 小张的网店还有什么营销渠道吗？

任务一 官方平台营销

任务描述

在海量的网络用户中,鉴别并导入目标的群体流量,需要付出比较高昂的广告成本。相对漫无目的地投放广告而言,官方平台有大量相对精准的用户群体,可以作为商家的首选。

相关知识

官方平台营销,顾名思义是商家依托该平台的营销推广活动,通过使用平台提供的推广工具或参与官方活动等,将平台的用户流量导入自己店铺并进行转化的销售行为。

一、官方平台的营销优势

官方平台上的流量相当于已经"海选"过的用户群体,属于站内流量。以京东平台为例,官方营销平台为"京准通","京准通"依托京东平台的大数据优势,可以为投放广告的商家,也就是广告主,提供精准、高效的一体化营销解决方案,帮助广告主取得最佳营销效果。

(一)资源丰富

依托于"京腾计划","京准通"将京东与腾讯资源进行深度整合,同时引入新浪、新华网等优质网站的精选广告资源,保证用户在众多使用场景下都能看到广告主投放的广告,不漏掉任何一次广告转化,帮助广告主实现真正的全网数字营销。

(二)多场景营销

"京准通"将京东PC端、京东M端、微信端、手机QQ端及腾讯系的广告资源全部打通,实现各渠道广告单独投放,保证用户在众多使用场景下都有可能看到广告主投放的广告,实现广告转化的最大化。

(三)专业分析

"京准通"由行业顶尖的数据团队做智力支持,团队从多维度、多视角、多场景为广告主提供数据报表,帮助广告主深入分析营销效果。

(四)操作简洁,同步优化

"京准通"平台打通各产品账号体系,只用一个账号即可使用所有营销产品,并随时监控全网投放效果,实现便捷、高效的全网营销。

二、官方平台的营销形式

主流电商平台都推出了适合各维度的营销形式,如淘宝的主要推广方式有淘宝客、淘宝直通车、淘宝论坛、淘客推广等。本任务以京东为例,介绍相关营销形式。

"京准通"是京东旗下的数字营销推广平台,拥有多样化的营销产品、智能化的投放系统和完善的服务体系,可以为品牌及广告主提供精准、高效的一体化电商营销解决方案,帮助广告主实现营销效果的最大化。它将消费者、广告主、媒体资源进行整合,打造一个营销闭环系统,为消费者提供导购服务,帮广告主提升营销 ROI(Return on Investment,投资回报率),助力媒体合作伙伴实现流量变现,开创多方共赢的局面。

"京准通"主要有六大核心产品,详细介绍如下。

(一)京东快车

1. 京东快车

京东快车是基于京东站内推广,按点击付费(CPC)的实时竞价类广告营销产品。通过搜索关键词或推荐广告位出价,将广告主的推广商品、活动或店铺展示在京东站内的广告位上。精准的定向工具更能打造个性化的营销方案,将目标人群和潜在消费者引流到商家店铺。

2. 京东快车的优势

(1)精准投放:根据消费者购物行为、区域信息、类目属性、消费者具象行为等维度,进行精准定向,快速投向目标消费者,有效提高转化率。

(2)多维数据:准确预估类目及关键词,支持多维度查看与点击,提供实时数据以及丰富的效果分析。

(3)智能推荐:根据广告主提供的关键词,智能推荐行业热词及相似商品关键词,并提供否定词管理功能,便于广告主多维度选择关键词。同时,系统会根据广告主未购买的用户搜索词进行智能匹配,优化广告呈现效果。

3. 京东快车的竞价逻辑

决定京东快车竞价排名的主要因素包括但不限于出价、点击率(影响点击率的主要因素是定向设置和素材制作质量)、转化率(影响转化率的主要因素是商品详情页、活动等)。

京东快车根据推广出价和质量分实时竞价,免费曝光。价格由广告主和竞价排序的下一位广告主推广结果的价格和质量分综合决定。

4. 京东快车广告位精选

(1)京东快车—普通计划—商品推广。

1)PC 端广告位。

搜索结果页:在京东首页搜索框上搜索关键词后,展现在左侧的与底部的"商品精选"及右侧的商品列表原生广告为京东快车广告位,每页最多展现 6 个广告位。

推荐位:通过三级类目列表进入商品区,展现在顶部的"热卖推荐"、左侧的"商品精选"、底部的"商品精选"、右侧的商品列表原生广告为京东快车广告位,每页最多展现 6 个广告位。

2）无线端广告位。

搜索结果页：京东 App 关键词搜索结果、微信及手机 QQ 购物、M 端关键词搜索结果页都包含信息流广告，搜索结果每页默认为 11 个 SKU（Stock Keeping Unit，商品编号），其中包含 1 个广告位，在右下角标注了"广告"字样。

推荐位：京东 App 首页底部"分类"选项，进入类目对应商品列表页，每页包含 2 个广告位，右下角标注了"广告"字样。

（2）京东快车—普通计划—活动推广。

PC 端广告位（App 端无）。

搜索结果页：左下侧"商家精选"。三级类目列表页左下侧"商家精选"商品详情页页面左侧底部。

（3）京东快车—普通计划—店铺推广。

App 端广告位（PC 端无）。

在京东 App 搜索结果页中穿插，第二十个位置，展现机制为自动抓取近半年内店铺销售额较高的三个 SKU，第一个单品 SKU 为默认跟单 SKU。

（二）京东展位

1. 京东展位

京东展位是支持精准定向营销的图片展示类广告，包含品牌聚效、京选品牌、品牌展位等。它是"京准通"里一个很重要的付费推广工具，有一定品牌知名度的商家普遍会选择此推广方式。

2. 京东展位的优势

京东展位可以锁定精准的消费者，提升品牌忠诚，降低消费者流失，保持比较高的转化率。

3. 京东展位的竞价逻辑

决定京东展位竞价排名的主要因素包括但不限于出价、点击率。影响点击率的主要因素包括但不限于出价。影响点击率的主要因素有定向设置和素材制作质量。

展示原理：根据实时竞价高低进行排名，价高者优先展现。

扣费原理：CPM（Cost per Mille，千人展现成本）按照每千次展现收费，点击不收费。

扣费公式：实际扣费 = 按照下一名 CPM 出价 + 0.1 元。

例如，A 与 B 同时竞价同一资源位置，B 对资源位 CPM 出价是 10 元，A 对资源位 CPM 出价为 15 元。若 A 获得 1 000 次展示机会，那么系统对 A 扣费共计 10.1 元。

4. 京东展位资源位精选

京东展位的资源位如图 5-1 所示。图中所标识的①②③均为京东展位资源位。

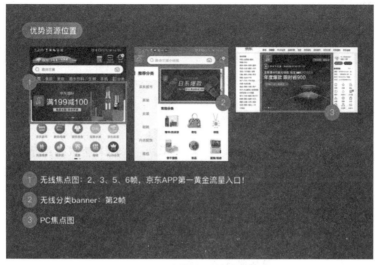

图 5-1　京东展位的资源位

（三）京挑客

1. 京挑客

京挑客是一款帮助商家提升销售额，为新品破零、打造爆款，以最终成交订单计佣的站外引流工具。

2. 京挑客的优势

京挑客的优势如图 5-2 所示。

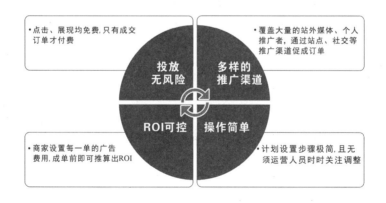

图 5-2　京挑客的优势

3. 京挑客的逻辑

计费方式：CPS（Cost per Sales，按销售付费），商品通过京挑客推广且被下单后，完成订单按佣金比例进行计费。佣金比例由商家自行设置，即广告费用＝佣金比例×商品实际成交价格。跟单逻辑如图 5-3 所示。

例如，商家设置店铺某一款商品服务费比例为 10%，该商品通过京挑客推广被下单并完成后，商家需要支付的佣金费用为商品最终成交价格的 10%。商品通过京挑客产生的广告费用在订单完成后 T+1 日结算。

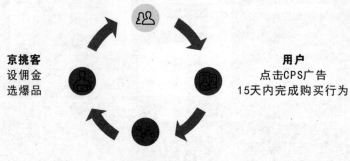

图 5-3 跟单逻辑

4. 京挑客广告位

京挑客广告位如图 5-4 所示。

图 5-4 京挑客广告位

(四) 京东直投

1. 京东直投

京东直投是一站式流量采买平台,覆盖主流社交媒体资源和移动资讯资源,降低广告主在不同媒体投放成本,帮助广告主抢占新资源流量红利,助力销量提升。如大平台数据合作、"京 X 计划"有效提升广告投放精准度,帮助京东广告主在各渠道建立领先外部广告主的投放优势,不断提高广告回报率。

2. 京东直投的资源优势

(1) 腾讯资源。

腾讯资源拥有涵盖 PC 端到移动端的社交平台资源,日活跃用户超过 10 亿,覆盖微信、QQ、QQ 浏览器等多个优质资源位。

(2) 今日头条资源。

今日头条资源作为目前国内活跃渗透率排名靠前的移动资讯平台,用户高达 7 亿多,拥有信息流三图、详情页大图等多个原生信息流资源位。

(3) 百度媒体资源。

百度媒体资源已接入百度信息流资源中两大核心优质渠道,即手机百度 App 和百度贴吧 App。

3. 京东直投的竞价逻辑

京东直投账户属于"京准通"的子账户，子账户为三类账户，即现金账户、赠送账户、无线补贴账户。

（1）账户介绍。

现金账户（真钱）：仅能从"京准通"现金账户中转账充值，暂时不可从现金账户转出，可用于所有京东广告位的扣费。

赠送账户（假钱）：用于发放奖励金额（可用于PC端和无线端投放）及扣费；由京东直投，每月下旬根据规则自动发放。

无线补贴账户（假钱）：无线补贴金用于发放微信和Feed广告的专项奖励金额及扣费；由京东直投平台按月发放。

京东直投账户扣费规则为现金账户和赠送账户交替扣费，需确保现金账户余额大于0元，才可消耗赠送账户。

（2）各资源位扣费规则。

1）QQ空间、QQ客户端站点：可消耗现金账户和赠送账户这两个账户金额。

扣费规则：当现金账户余额大于0元时，优先消耗赠送账户金额；当赠送账户金额消耗完后，继续消耗现金账户金额；当现金账户余额为零后，广告暂停播放。

2）拍拍精选站点：仅可消耗现金账户。

4. 无线侧资源位

1）微信和Feed广告：可消耗现金账户、赠送账户和无线补贴账户。

扣费规则：当现金账户余额大于0元时，按赠送账户、现金账户、无线补贴账户的顺序进行扣费；当赠送账户为0且现金账户大于0且无线补贴账户大于0时，现金账户和无线补贴账户按1∶1比例进行扣费，需确保现金账户余额不低于无线补贴账户余额；当现金账户余额为0时，所有账户均无法扣费。

2）其他无线广告：消耗现金账户和赠送账户两个账户金额。

扣费规则：当现金账户余额大于0元时，优先消耗赠送账户金额；当赠送账户金额消耗为0后，继续消耗现金账户余额；当现金账户余额为0后广告暂停播放。

（五）购物触点

1. 购物触点

购物触点是根据用户在购物前、购物中和购物后的三大消费场景，将推荐场景进行聚类，并针对不同的推荐场景提供有针对性的算法机制和人群定向能力，为广告主赋能，使其在投放广告的场景下有更多优化工具和营销方法。

2. 购物触点的优势

1）覆盖全购物链，激活优质流量。贯穿"逛"和"买"的场景，覆盖购物前、购物中、购物后三大场景，整合"为你推荐""猜你喜欢""还没逛够"等核心推荐资源。

2）分包溢价，转化更佳。支持对流量包设置不同溢价，广告资源投放更加可控；在转化场景中，加大购物中、购物后溢价系数；在曝光场景中，加大购物前溢价系数。

3）精准定向，数据赋能。基于消费者兴趣、行为的场景化推荐，丰富推荐形态；实现从"人找货"到"货找人",精准触达潜在消费者,从而吸引潜在消费者。

3. 购物触点投放的共性策略

(1) 出价设置。

1) 基础出价:基础出价需参考"出价建议",分析三级类目出价的低值、中值、高值曲线,随时调整基础出价,不要一味使用默认基础出价。

2) 溢价:结合投放目标、流量包特点等,选择主打流量包,并做较高溢价。大促蓄水期、预热期做溢价测试,摸索类目溢价规律。专场期和高潮期要做精准溢价。

3) 最终出价:活动期间,最终出价是平时的1.5~3倍,避免"极低的基础出价×极高溢价",最终出价=基础出价×(1+流量包溢价系数)×(1+定向人群溢价系数)。

(2) 流量包设置。

1) 引流拉新:可调高购物前、购物后流量包溢价,主打购物前。

2) 合理选品:测试推广商品,如新款、日销款、爆款、应季款等,运用"选品+出价+流量包+人群+素材"组合,进行单一变量对比测试,摸索流量规律,专场期及高潮期明确策略。

3) 精准转化:可调高购物中、购物后流量包溢价,主打购物中。

(3) 人群设置。

有拉新需求可通过智能定向对店铺拉新设置溢价。智能定向基于用户长期的行为画像及商品画像,利用深度模型实现海量用户的个性化精准触达,可显著提升转化效率。

1) 主投购物前。圈定浏览、关注、加购等行为标签,并对自定义人群做较高溢价,建议定价是智能定向出价的两倍或以上。

2) 主投购物中、购物后。如果是自圈人群,建议根据二级类目下用户行为圈定并设置高溢价。

(六) 京东海投

1. 京东海投

京东海投是一款可以智能投放广告的工具,支持一键批量投放,是为提高广告主操作效率而设计的。

2. 京东海投的优势

京东海投适合快速测款;广告主可根据店铺不同的需要进行不同的海投计划设置,京东海投适合运营新手操作。

3. 京东海投的投放设置

海投计划刚开始时,可以每天投放200~300元的推广费,这样方便积累数据,也可根据数据情况进行调整,出价可以参考店铺权重值。低价无浏览数据,可适当加价,一直到有数据为止。但是有些店铺的权重值非常低,即使出到默认出价的位置,也依然没有浏览数据,这个时候可以再稍微提高出价,争取有浏览数据。另外,海投的出价端不分移动端和PC端。

在海投前,应分析类目商品的浏览高峰期,从中选取一个浏览量大的时段进行投放,一般是每天的8:00—10:00、12:00—14:00、18:00—24:00这几个时间段。广告主可根据商品的不同类目选择投放。

在确定海投城市前，需要做详细的投放城市分析。选取投放商品转化比较好的城市，可有效提高点击率和转化率。

在选择投放关键词前，分析类目商品转化好的关键词。广告主在选词时，一定要选择和商品相关度比较高的词，不要一味要求搜索量。单纯选一些行业里的热门词，搜索量虽然上去了，但可能没有成交量。

综上，"京准通"的六大推广模式各有特点，如图5-5所示，广告主可根据商品特征进行选择。

推广工具	京东快车	京东展位	京挑客	京东直投	购物触点	京东海投
付费模式	CPC	CPM	CPS/CPA	CPC/CPM	CPC/CPM	CPC
付费模式	按点击付费	按千次展现付费	按销售额付费/按行为付费	按点击付费/按千次展现付费	按点击/展现付费	按点击付费
优点	精准高效	强曝光，无竞价	精准，稳赚不赔	覆盖广	精准	高效，比快车投放简单
缺点	依赖广告创意	不精准	见效慢，需要长期优化	对投放技术要求高	覆盖不广	精准度不高

图5-5 "京准通"六大推广模式对比

任务二 社交网络营销

任务描述

社交网络营销是集广告、促销、公关和推广为一体的营销手段，是典型的整合营销行为。在流量竞争日益激烈的时代，社交网络营销是电商企业运营中的重要营销手段。

相关知识

社交网站有大量的免费流量，关系营销是其核心，重点在于建立新客户，巩固老客户。基于其特点和优势，商家需要寻找适合自己的社交网络方式，在提供信息的同时，将潜在的客户带到自己的网上店铺页面，完成从公域流量向私域流量的转化。

一、社交网络营销的特点和优势

（一）社交网络营销的特点

社交网络用以支持业务的发展、强大，具有以下四个特点：第一，直接面对消费人群，目标人群集中，宣传比较直接，可信度高，更有利于口碑宣传；第二，氛围制造销售，投入少、见效快，利于资金迅速回笼；第三，可以作为普遍宣传手段使用，也可以针对特定目标进行重点宣传；第四，直接掌握用户反馈的信息，针对用户需求及时对宣传战术和宣传方向进行调整。

（二）社交网络营销的优势

1. 满足企业不同的营销策略

随着网络社交的不断创新和发展，越来越多的电商企业尝试在社交网站上施展拳脚，开展各种各样的线上活动，如悦活品牌的种植大赛、伊利舒化奶的开心牧场等，地产项目的房子植入、手机植入等，植入企业元素的视频或内容在用户中像病毒传播一样迅速地被分享和转帖。上述种种都可以在社交网络上实现。社交网络最大的特点就是可以充分展示人与人之间的互动，而这恰恰是一切营销的基础所在。

2. 有效降低企业的营销成本

社交网络营销"多对多"的信息传递模式具有更强的互动性，受到更多人的关注。随着网民网络行为的日益成熟，用户更乐意主动获取和分享信息，社区用户显示出高度的参与性、分享性与互动性。社交网络营销传播的主要媒介是用户，主要方式是"众口相传"。与传统广告形式相比，网络营销无须大量的广告投入，因为用户的参与性、分享性与互动性容易加深对一个品牌和商品的认知，形成深刻的印象，取得较好的传播效果。

3. 实现目标用户的精准营销

社交网络营销中的用户通常是相互认识的朋友，用户数据相对来说较为真实。企业在开展网络营销时，容易根据地域、收入状况等因素进行用户筛选，从而有针对性地同这些用户进行宣传和互动。如果电商企业营销的经费不多，但又希望获得比较好的营销效果，可以只针对部分区域开展营销，如只针对北上广区域的用户开展线上活动，从而实现目标用户的精准营销。

4. 符合网络用户需求

社交网络营销模式高度符合了网络用户的真实需求，参与、分享和互动功能既是网络用户的特点，也符合网络营销发展的新趋势。例如朋友写的一篇日记、推荐的一个视频、参与的一个活动，都会让人在第一时间了解和关注到身边朋友们的动态，并与他们分享感受。只有符合网络用户需求的营销模式，才能在网络营销中帮助电商企业达到理想的效果。

二、社交网络营销的应用分类

社交网络营销具有良好的沟通性和用户黏性。从初期的单纯模仿、定位相似而进入服务细分，开始出现针对特定人群的社交网络平台。从营销应用上看，社交网络可分为以下几个大类。

1）通信类 App，如 Facebook、Twitter、QQ、微信等。
2）社区 CPS 系列，如淘宝客、美丽说、小红书等。
3）社区互动类活动，如淘女郎、金币、豆子等。
4）产品活动类，如参与有奖、限时折扣、秒杀、搭配套餐、聚划算等。

5）App 外社区推广，如活动预约、设置链接等。

任务三　新媒体营销

任务描述

"登高一呼"的传播模式因单一的传播路径让电商企业很难探测受众人群对广告的反应，传统媒体覆盖量的数字报告并不能解决电商企业短期内销量提升的需求。能够深入发布信息，并将受众人群吸引到具体营销活动的新媒体传播方式，成为电商企业的新宠。

相关知识

新媒体营销是指利用新媒体平台进行营销的方式，它是在特定商品概念诉求的基础上对消费者进行心理引导的营销。它的渠道方式是多样化的，不同的传播渠道和形式也呈现不一样的特点。在做新媒体营销前，需要先了解它。

一、新媒体营销特点

新媒体营销逐渐成为现代营销模式中的重要部分，它是利用互联网、移动电视、手机短信等一系列在高新科技承载下展现出来的媒体形态，具有以下几个特点。

1）传播方式双向化。传统媒体传播信息的方式是单向的、线性的、不可选择的；新媒体传播方式是双向的，每个受众既是信息的接收者，也是信息的传播者，进而互动性强，传播效果明显。

2）接收方式移动化。移动通信时代，人们信息的接收也随着移动终端的接收而移动化。

3）传播行为个性化。每一个人都是信息的发布者，能较为自由地表达自己的观点，传播自己关注的信息，传播内容与传播形式等基本由个人决定。

4）传播速度实时化。新媒体借助互联网技术，使信息传播变得更加迅速，可以实时接收信息，实时做出反馈。

5）内容形式多样化，展示方式丰富。新媒体传播的内容多元化和融合化，集合文字、图片、声音等于一体，增加了信息量。

6）用户关系好感化。新媒体营销更容易建立与用户之间的好感关系。

二、新媒体营销渠道

新媒体营销能够快速占领市场，取得消费者的关注，是互联网发展的产物。如果个人或电商企业能利用好新媒体营销方式，那么将获得数以万计的曝光。新媒体营销方式造就了个人，也造就了企业，帮助不少人或者电商企业走向了成功。

（一）搜索引擎

搜索引擎并没有失去价值，甚至永远不会失去价值。用户通过文字、语音、拍照等方式在各大网站平台进行搜索即可获取想要的信息资源。因此基于搜索引擎的营销推广应运而生。

（二）微信

微信是目前非常流行的手机 App，它是全球用户基数最大、活跃度最高的即时通信社交软件之一，其功能拓展丰富，开放度较高，使其在营销方面具备非常大的潜能。

（三）微博

微博具有及时性、传播快的特点，用户能各抒己见，灵活互动。很多新闻媒体将微博当作第二传播平台，微博信息流式的广告能够产生不错的传播效果，迅速传播给大众。

（四）论坛

论坛是一种网络媒体形式，它的形态可以千变万化。有人的地方就有社区，只是现在的社区更加"小而美"，如小米社区。只要做好用户运营就能带来更多的价值。魅族社区、花粉俱乐部、360 OS 社区等都是论坛模式。

（五）短视频

随着快手、抖音等短视频 App 的迅速崛起，短视频已成为新媒体营销中的一匹黑马。用户和电商企业通过在视频里植入商品内容或插入商品链接进行营销。刷到视频的用户点击链接后可直接跳转到购物网站进行购买，十分便捷。电商企业也可以通过付费来进行推广和宣传，这类视频通常会直接标注为广告视频。

（六）其他社交媒体平台

社交媒体如陌陌、小红书、美拍等，都是用户过亿的平台。这一类平台用户更精准，影响力虽不如微信和微博，但传播价值相当可观。这类平台需要电商企业推荐的商品符合用户画像特性，如小红书用户主要是年轻群体，其中又以女性用户居多，那么商家的消费主力一定要以女性用户为主。

三、新媒体营销形式

在传统营销方式的基础下，新媒体借助互联网以及各类手机 App 衍生出了许多新型的营销方式，以下是常见的新媒体营销形式。

（一）病毒营销

病毒营销是一种常用的网络营销方法，常用于网站推广、品牌推广等，通过提供有价值的商品或服务"让大家告诉大家"，通过大众宣传实现"营销杠杆"。病毒营销已经成为网络营销最为独特的手段，被越来越多的电商企业成功利用。

（二）事件营销

事件营销指电商企业通过策划、组织和利用具体新闻或有社会影响的人物或事件，吸引媒体、社会团体和消费者关注，以求提高电商企业或商品的知名度、美誉度，树立良好的品牌形象，并最终促成商品或服务销售的手段和方式。由于这一营销方式具有受众面广、突发性强等特点，在短时间内能使信息实现最大、最优传播的效果。近年来，事件营销越来越成为国内外流行的一种公关传播与市场推广手段。

（三）口碑营销

口碑营销指电商企业在品牌建立的过程中，通过消费者间的相互影响将商品信息或者品牌形象建立起来。

（四）饥饿营销

饥饿营销指商品提供者有意调低产量，以期达到调控供求关系、制造供不应求的"假象"，以维护商品形象并维持商品较高售价和利润的营销策略。

（五）知识营销

知识营销指向大众传播新的科学技术及其对人们生活的影响，通过科普让消费者不仅知其然，而且知其所以然，重新建立新的商品概念，进而使消费者萌发对新商品的需要，达到拓宽市场的目的。随着知识经济的到来，知识成为发展经济的资本，知识的积累和创新成为促进经济增长的主要动力。因此，作为电商企业，运用知识进行推广，能使一项新商品的市场风险降到最小。

（六）互动营销

在互动营销中，一方是消费者，一方是电商企业，只有抓住双方共同的利益点，找到巧妙的沟通时机和方法，才能将双方紧密地结合起来，互动营销尤其强调双方采取一种共同的行为。

（七）情感营销

情感营销是把消费者的个人情感差异和需求作为电商企业品牌营销战略的核心，通过借助情感包装、情感促销、情感广告、情感口碑、情感设计等策略来实现电商企业的经营目标。

（八）会员营销

会员营销是一种基于会员管理的营销方法。电商企业通过将普通消费者变为会员，分析会员消费信息，挖掘消费者的后续消费力，并通过消费者转介等方式，将一个消费者的价值最大化。会员营销与传统营销方式在操作思路和理念上有诸多不同，通过会员积分、等级制度等多种管理办法，可增加消费者的黏性和活跃度。

项目总结

目前,电商营销除提到的官方平台营销、社交网络营销、新媒体营销外,还有数据库营销、分销平台、资源合作营销、分类信息等。模式虽千变万化,但万变不离其宗,不管是哪种推广方式,都是为了一个目标——销售额。

效果评价

一、填空题

1. 购物触点属于(   )平台方式的营销产品。
2. 京挑客的计费方式是(   )。
3. 社交网络是真正符合(   )需求的营销方式。
4. 新媒体营销有(   )、(   )、(   )、(   )、(   )、(   )的特点。
5. 会员营销是一种基于(   )的营销方法。

二、选择题

1. 电商营销主要有以下哪几种方式?(   )
   A. 官方平台营销
   B. 社交网站营销
   C. 新媒体营销
   D. 以上都是
2. 以下哪种方式不是新媒体营销形式?(   )
   A. 病毒营销
   B. 事件营销
   C. 情感营销
   D. 短视频营销
3. 以下哪项不是京挑客的优点?(   )
   A. 按展现付费
   B. 覆盖大量站外媒体
   C. 成单前可推算出 ROI
   D. 步骤简单,无须运营人员时时关注

三、简答题

1. 分析"京准通"六大推广形式的特点。
2. 新媒体营销有哪些常见渠道?
3. 社交网络营销的优势有哪些?

项目六

电子商务数据化管理

情景描述

小肖工作一段时间后想自主创业，经多方了解，认为电商是一个相对适合自己创业的项目，于是在京东平台上注册了一个旗舰店，本以为商品上架后就会有订单。结果商品上架一段时间后连咨询的客户都没有。于是他请教了一位有经验的电商运营朋友，朋友告诉他做电商不能凭感觉，而要通过数据分析了解行业大盘、流量特征、人群特征等方面的信息，做好精准引流才会有订单，这些数据都可以在京东的数据分析工具平台——京东商智上得到。小肖便开始学习京东商智的数据分析，他从行业数据、店铺流量、商品数据、客户数据等方面学习。经过一段时间，他将所学的知识运用到关键词的优化上进行蓝海词选品和精准流量推荐优化，店铺很快有了访客和销量。一个月以后，店铺订单由原来的每日0单上升到每日150单，并通过持续的数据化管理，店铺的销售额取得了更大的突破。

思考：
1. 店铺的流量入口有哪些？如何通过流量分析做好店铺流量的优化？
2. 店铺的商品数据有哪些？如何通过商品数据分析做好店铺的商品结构布局？
3. 行业的数据有哪些？行业的数据分析对店铺选品有哪些指导意义？

任务一 京东数据分析工具平台——京东商智

任务描述

"目标消费者究竟在哪里？下一个爆款商品是什么？什么样的商品关键词会吸引消费者？"随着消费升级的不断深化，如何在适当的时间将合适的商品销售给需要的消费者是商家面临的普遍问题。在大数据时代，商家只有通过数据分析，才能深入了解消费者，才能更好地了解消费者的偏好甚至预测消费行为，才能最终实现精准销售。

相关知识

随着电商数据实时性、准确性与全面性的提升,电商数据开始实现从营销工具到决策工具的转变。为更好地助力商家店铺运营效率进阶,制胜数字营销时代,京东商智通过数字营销解决方案实现商品供销融合管控,帮助品牌方实现技术升级和管理创新,向"低成本+差异化"转型,以消费者和市场为中心,从"以品定人"模式向"以人定品"模式升级。

2021年3月31日,京东商智上线四周年之际,京东商智全面升级。升级后的京东商智3.0除关注商品能力升级外,还将聚焦整体服务能力及数据技术能力的对外赋能,满足不同类型品牌商家的多样化数据需求,以数字化手段帮助品牌商家实现真正意义上的"高质量"增长。

一、京东商智平台概述

京东商智是京东向商家提供数据服务的产品。在数据化运营时代,京东商智已经成为商家进行数据化分析的必备工具。从京东PC主站、京东App、微信购物、手机QQ购物、M端五大渠道,展示实时与历史两个视角下店铺与行业两个范畴内的流量、销量、客户、商品等全维度电商数据,并提供购物车营销、精准客户营销等工具,帮助商家提升店铺销售。京东商智为商家提供专业、精准的店铺运营分析数据,帮助商家提升店铺运营效率、降低运营成本,是商户"精准营销、数据掘金"的强大工具。

(一)京东商智入口

1)网页版入口:https://sz.jd.com,如图6-1所示。

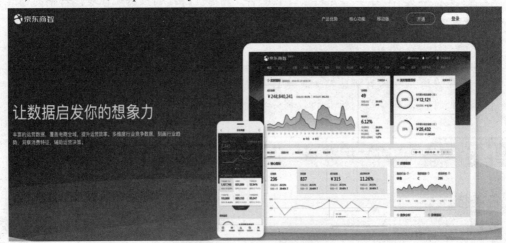

图6-1 京东商智网页版

2）京东商智 PC 端京麦入口，如图 6-2 所示。

图 6-2　京东商智 PC 端京麦入口

（二）京东商智的核心功能

1）实时洞察：店铺实时经营数据包括销售与流量数据、实时商品销售榜单、实时访客访问轨迹、实时流量来源与实时单品销量监控，直观地反映了店铺实时运营状态。京东商智能监测店铺广告投放和活动效果，及时反映突发问题，协助商家抢占先机。

2）经营分析：经营数据分析包括流量分析、商品分析、交易分析、客户分析、服务分析及供应链分析等。上述六个维度可以展示店铺的经营状况，并帮助商家进行历史数据对比分析。

3）行业分析：店铺所在行业的整体数据包括行业实时热点店铺与商品、行业历史商品与店铺榜单、各子行业排名、行业热词、品牌、属性等数据。这些数据展示了店铺在行业中的地位以及行业的动态引导。

4）主题分析：主题分析包括搜索排名与降权数据分析、行业爆款数据透视、店铺页面热力图分析、单品买家画像、竞争分析等。通过主题分析可根据商家的单一需求，专注解决经营过程中某一环节的问题。

5）定向推送：作为营销工具，可向加购而未购买客户定向推送单品，向特定用户群体发送优惠券，帮助商家实现店铺拉新，刺激消费者即时购买。

（三）京东商智的六大专题工具

1）热力图：提供关于页面质量的多维度分析，包括点击、流量和引导转化等，帮助商家进行店铺装修和运营。

2）搜索分析：方便商家监控搜索排名，避免因不合规造成搜索流量减少，可分为排名定位、搜索诊断和标题分析三个部分。

3）爆款孵化：提供本店选品参考及行业内爆款参考两大功能，辅助商家达成 20% 的商品贡献 80% 的流量和销量的愿望。

4）购物车营销：针对商家店铺商品加入购物车但未下单的客户推出的精准营销工具。

5）客户营销：一站式的大数据智能营销解决方案，打造 POP 商家营销闭环。基于大数据智能挖掘技术，为每家店铺提供"拉新""复购""留存"三种场景的营销人群，商家可对已选人群设置和发送专享优惠券，优化商家的客户营销效果。

6）竞争分析：通过竞争监控、竞争分析、竞争对比、竞争流失，帮助商家更有针对性地了解竞争对手的动态和运营模式、方法，帮助商家洞悉竞争环境，制定竞争策略。

（四）京东商智的商品优势

1. 维度全面

时间维度上，覆盖了今日实时数据与历史自然天、自然周、自然月、近 7 天、近 30

天等各个维度；渠道维度上，覆盖了京东 App、京东 PC 主站、微信购物、手机 QQ 购物、京东 M 端五大渠道；分析维度上，流量、商品、交易、消费者、服务、供应链等涵盖电商全部业务范围；数据范畴上，京东商智具备店铺与行业两个数据范畴，京东在提供店铺内各项运营数据的同时，还提供整个开放平台上所有商家的整体数据表现。

2. 数据丰富

在数据指标上，京东商智具备访客数、浏览量、停留时长、跳失率等流量指标，具有下单客户数、下单金额、下单转化率等下单指标，具有成交客户数、成交金额、成交转化率等成交指标，具有店铺关注人数、商品加购人数等用户兴趣指标，具有返修退换单量、返修退换金额、工商投诉量等售后指标。另外，京东商智还添加了成交客户画像、搜索降权商品、点击热力图等特色数据。总体看来，京东商智是京东对数据指标较为丰富的数据产品。

3. 营销精准

京东商智的购物车营销与客户营销模块具有强大的营销能力。购物车营销可以对加购店内商品但尚未购买的客户设置专属优惠，且优惠将通过京东 App 推送消息、京东购物车标识等方式，让客户接收到专属降价消息，进而促成订单成交。

二、首页和实时数据分析

（一）京东商智首页

京东商智首页集中展示店铺运营的核心数据，便于商家快速了解店铺的整体运营状况。首页按模块可分为实时指标、实时销售进度、控制条、核心指标、店铺级别、竞争分析、异常指标、流量分析、商品分析、交易分析、行业分析等核心数据，如图 6－3 所示。

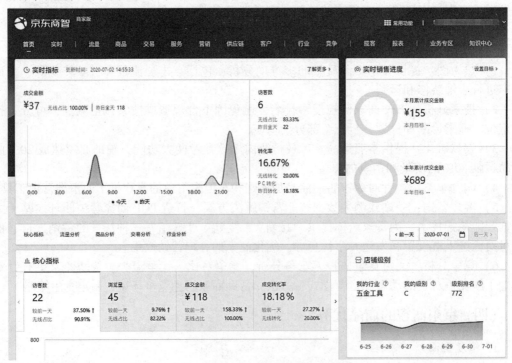

图 6－3　京东商智首页

(二) 京东商智实时数据

实时数据分为实时总览、实时看板、实时监控、活动分析四大版块，主要功能是展示店铺实时数据，实时查看店铺流量、销量，判断异常情况，方便商家快速了解店铺运营状况。

1. 实时总览

（1）功能简介。

1）实时榜单：包含店铺内各个渠道下实时销售数据明细，可以查看 SPU 和 SKU 的实时销售和流量数据，如图 6-4 所示。

商品信息	成交金额 ⇵	成交商品件数 ⇵	成交客户数 ⇵	浏览量 ⇵	访客数 ⇵	成交转化率 ⇵
SPU：█████ 最新上架时间：2017-03-02	¥0.00	0	0	1	1	0.00%
SPU：█████ 最新上架时间：2017-08-21	¥0.00	0	0	2	2	0.00%
SPU：█████ 最新上架时间：2018-06-25	¥0.00	0	0	5	3	0.00%
SPU：█████ 最新上架时间：2018-06-12	¥0.00	0	0	5	5	0.00%

图 6-4 实时榜单

2）实时概况：包含实时概况、今日走势、实时排行等数据，如图 6-5 所示。

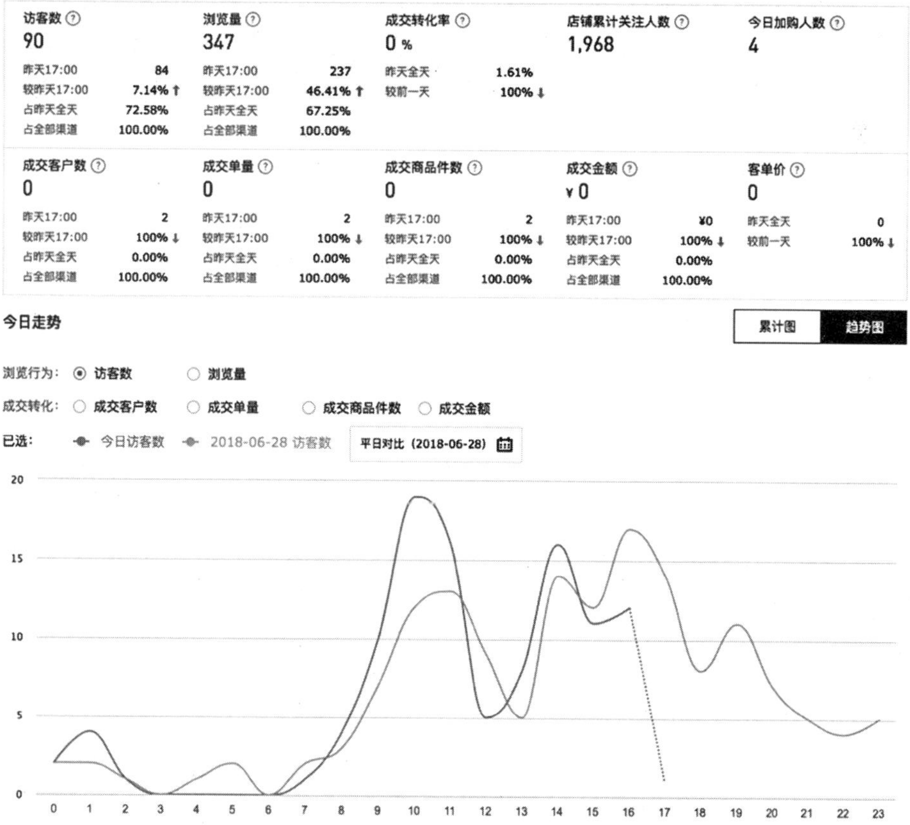

图 6-5 实时概况

(2)使用场景。

1)日常运营:在日常运营中,当销售订单突增或骤减时,商家可在实时榜单中查找是哪件商品的销售出现了明显的波动,可以查看商品流量是否出现了问题;还可以进入商品详情页,查看商品的价格或库存是否出现了问题。

2)大促期间:在大促期间,通过实时关注店铺销售榜单预测商品销量,做到有计划地补货,避免出现有流量而无货可卖的情况发生。

2. 实时看板

实时看板,即以可视化大屏显示店铺主要销售数据。在大促期间可以将其作为效果实况投影在大屏上做日常的品牌宣传,也可以通过大屏金额等数值的上升来鼓舞员工士气,如图6-6所示。

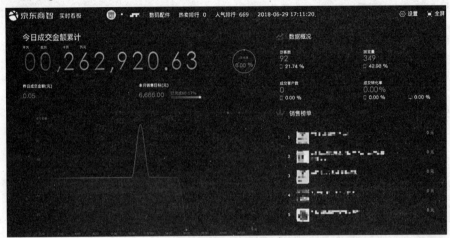

图6-6 实时看板

3. 实时监控

(1)功能简介。

单品监控是通过监控爆款和测试款的实时数据,观察它们的销量、流量数据,如图6-7所示。

图6-7 单品监控

(2)使用场景说明。

1)新品监控:新上架商品的测试款可在单品监控功能下完成,如通过访客数看流量情况,通过成交金额看销售情况,通过加购人数和关注人数看商品的热度,通过流量来源看不同流量推广效果,通过热词看商品的自然流量能力,也可以通过流量变化来测试商品主图的制作效果。如果商品存在地域需求差异或营销活动存在地域差异,也可以通过地域排行来分析效果。

2)爆款监控:对于店铺实力引流的爆款,单品监控可以实时记录这类商品的数据,当数据出现波动和异常时要及时查看商品的各种设置,查看是否有降权、缺货、价格错误等情况,及时处理,降低损失。

4. 活动分析

活动分析是围绕商家的日常活动提供活动分析、活动对比和活动沉淀三大分析场景,整个模块围绕着活动商品打造销量、流量、营销、商品和消费者为主题的数据分析链条,为商家在日常和大促期间提供数据支持,如图6-8所示。

图6-8 活动分析

三、经营分析

经营分析可从以下维度来阐述:流量明细、商品状况、交易情况、客户特征。

(一)流量明细

1. 流量分析

无论出发点是分析店铺流量结构,还是解决销售下跌问题,流量分析都是电商运营人员日常工作中必不可少的基础分析。流量分析包括三个功能,即流量概况、流量路径和关键词分析。

(1)流量概况。

流量概况是展示流量趋势的核心指标,分析每个流量渠道的访客数、浏览量、跳失率、人均浏览量、平均停留时长的环比变幅及可视化走势图,在此基础上进行风险及预测判断,如图6-9、图6-10所示。

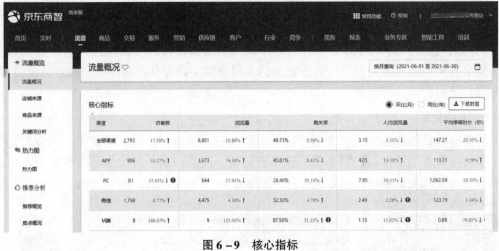

图 6-9 核心指标

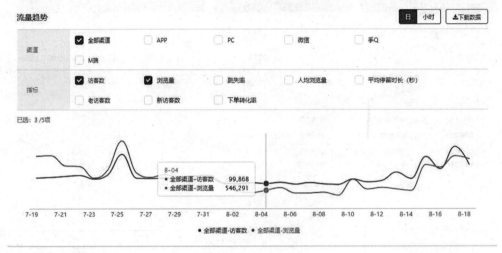

图 6-10 流量趋势

(2) 流量路径。

流量路径的数据是从流量的来源渠道、入店页面排行、店内浏览排行、退店页面排行、退店去向排行,全方位了解消费者的行为轨迹,如图 6-11～图 6-15 所示。

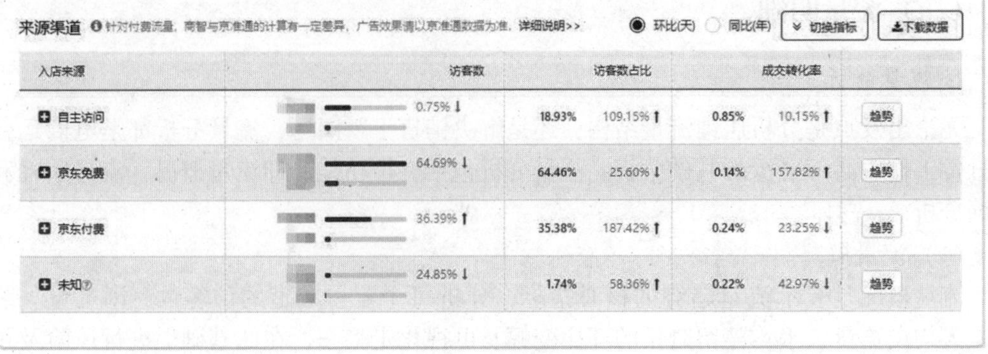

图 6-11 来源渠道

项目六 电子商务数据化管理

入店页面排行

NO.1 商品详情页	NO.2 店铺首页	NO.3 店铺其他页	NO.4 店铺活动页
访客数	访客数	访客数	访客数
访客数占比	访客数占比	访客数占比	访客数占比

页面名称	入店访客数	入店浏览量	跳失率	平均停留时长(秒)
	2,294	2,580	77.17%	20.27
	1,713	2,014	72.14%	20.97
	1,688	1,833	78.45%	28.40
	1,603	1,829	79.55%	18.55

图 6-12 入店页面排行榜

店内浏览排行

页面名称	访客数	引导加购客户数	引导成交客户数	引导成交转化率	
商品详情页				0.26%	详情
店铺其他页				0.66%	详情
店铺首页				0.37%	详情
店铺活动页				0.79%	详情

图 6-13 店内浏览排行

退店页面排行

NO.1 商品详情页	NO.2 店铺首页	NO.3 店铺其他页	NO.4 店铺活动页
访客数	访客数	访客数	访客数
访客数占比	访客数占比	访客数占比	访客数占比

页面名称	访客数	浏览量	退出率	平均停留时长(秒)
	1,286	1,377	86.56%	11.18
	1,058	1,159	85.59%	19.83
	1,044	1,125	84.27%	13.37
	1,136	1,331	83.10%	16.07
	1,559	1,768	82.30%	14.19
	1,614	1,758	81.80%	25.44
	1,022	1,161	81.65%	16.05
	2,191	2,449	81.30%	16.87

图 6-14 退店页面排行

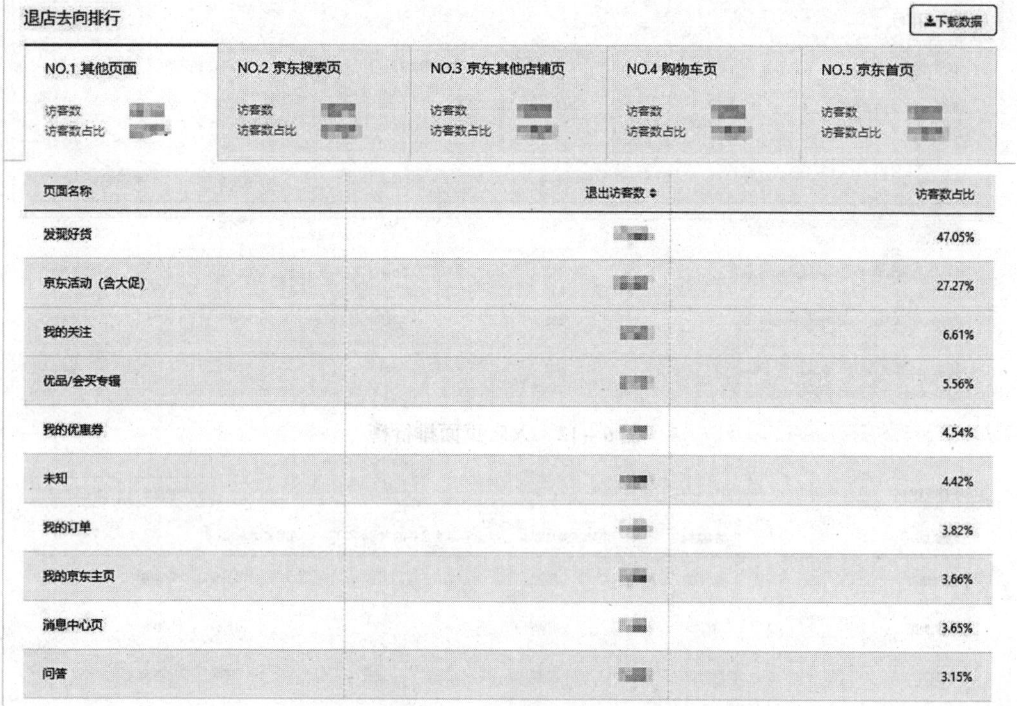

图 6-15 退店去向排行

（3）关键词分析。

访客的入店关键词几乎是商家最关注的数据之一，因为这直接决定搜索优化的调整。事实上，商家在流量路径菜单中，单击京东搜索（三级渠道）的明细，就能看到搜索关键词的数据，同时可以切换展示店内搜索关键词，查看访客入店后在店铺内的关键词搜索情况，如图 6-16 所示。

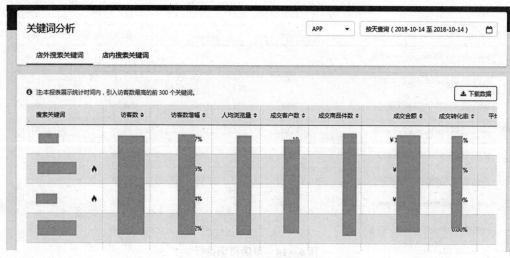

图 6-16 关键词分析

在这里，商家能看到统计时间内访客数最高的 300 个入店关键词，以及访客数的指标。访客数是指搜索某个关键词后，点击关键词下的商品或其他入口成功进入店铺的访客数。在做数据分析时，访客数和点击人数在本质上是相似的。

2. 热力图分析

热力图能提供关于页面质量的多维度分析，包括点击、流量和引导转化等，帮助商家进行店铺装修和运营，热力图主要有以下三个使用场景。

1）优化页面装修，塑造店铺风格，提升品牌形象，创造收入和效益。

2）明确各店铺页，如首页、活动页、详情页等的经济效益。

3）分析页面的流量来源和去向，优化运营策略。

目前该模块提供 PC 端和 App 端热力图分析数据，PC 端可以添加页面，App 端目前只提供首页的热力图分析，如图 6–17 所示。

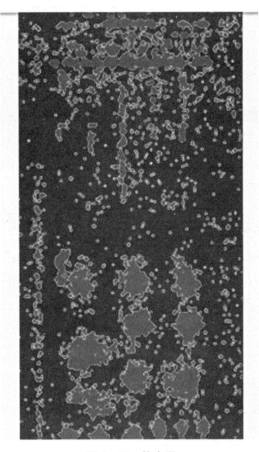

图 6–17 热力图

3. 搜索分析

搜索分析模块分为搜索概况、排名定位、搜索诊断、标题分析、关键词挖掘、付费营销搜索能力分六个部分。

（1）搜索概况。

搜索概况是展示店铺概要的搜索数据，为指导商家的搜索专项分析提供数据支持。搜索概况数据目前只展示 App 渠道数据，支持按天、按周、按月及近 7 天、近 30 天查询数据，如图 6-18 所示。

图 6-18　搜索概况

(2) 排名定位。

排名定位模块可以查询店铺商品与其他店铺竞品的搜索排名。通过"地区""商品信息""搜索关键词"添加排名定位后，可以以天为单位观察店铺排名走势，如图 6-19 所示。

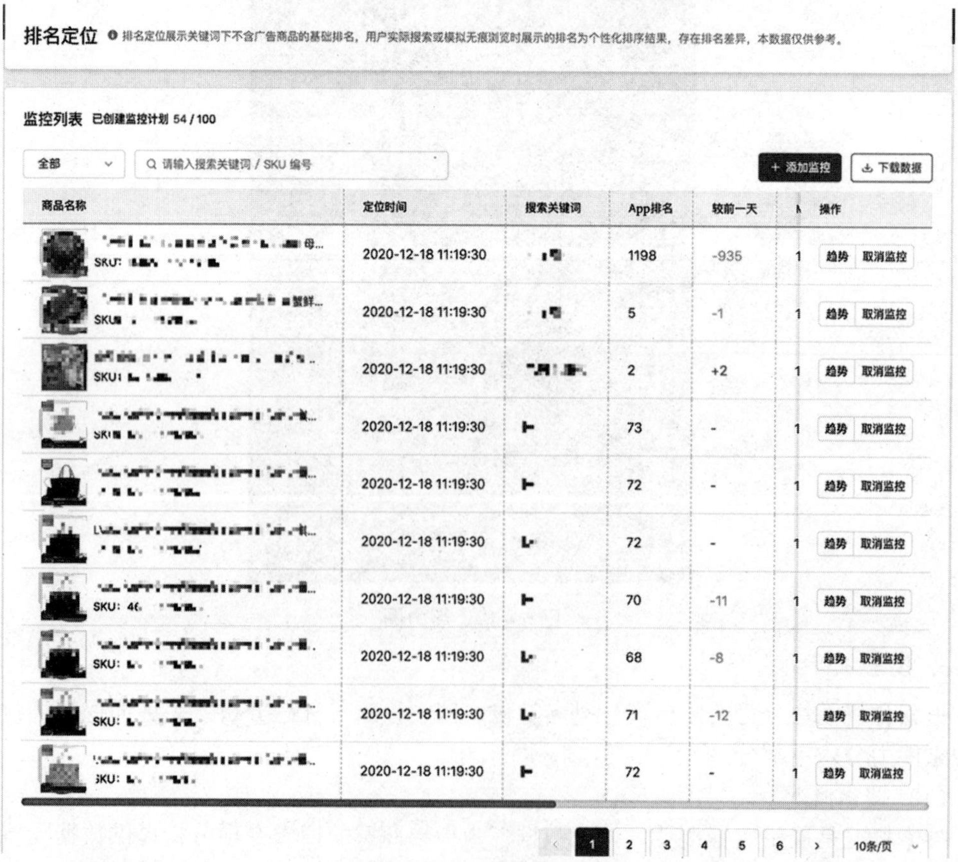

图 6-19　排名定位

(3) 搜索诊断。

搜索诊断可以诊断出被搜索引擎判定为标题作弊的商品列表,作弊数据的接入正在不断丰富。

(4) 标题分析。

标题分析是系统给出京东搜索的分词结果,并调取各个关键词的各项数据指标,以评估词语的热度、竞争程度等,如图6-20所示。

图 6-20 标题分析

(5) 关键词挖掘。

搜索关键词是商家洞悉平台用户消费需求的重要窗口,通过算法可在多个维度上挖掘京东平台的用户搜索关键词。这些关键词很可能表现出未被满足或是最新出现的消费需求,可能成为平台商家的潜在商机,如图6-21所示。

图 6-21 关键词 TOP 50

(6) 付费营销搜索能力分。

商家参与站内外营销产生的正向效果可影响搜索排序的因子，进而实现营销与搜索自然流量的联动。为了将营销与搜索的联动效果数据化、可视化，搜索团队与京东商智团队联合开发了"付费营销搜索能力分"看板工具，以分数和雷达图展示参与营销商品的 SKU 维度能力分，体现自然流量获取及转化能力。分数为 0 到 100，分数越高，代表广告投放后获得搜索自然流量的能力越强，如图 6 – 22 所示。

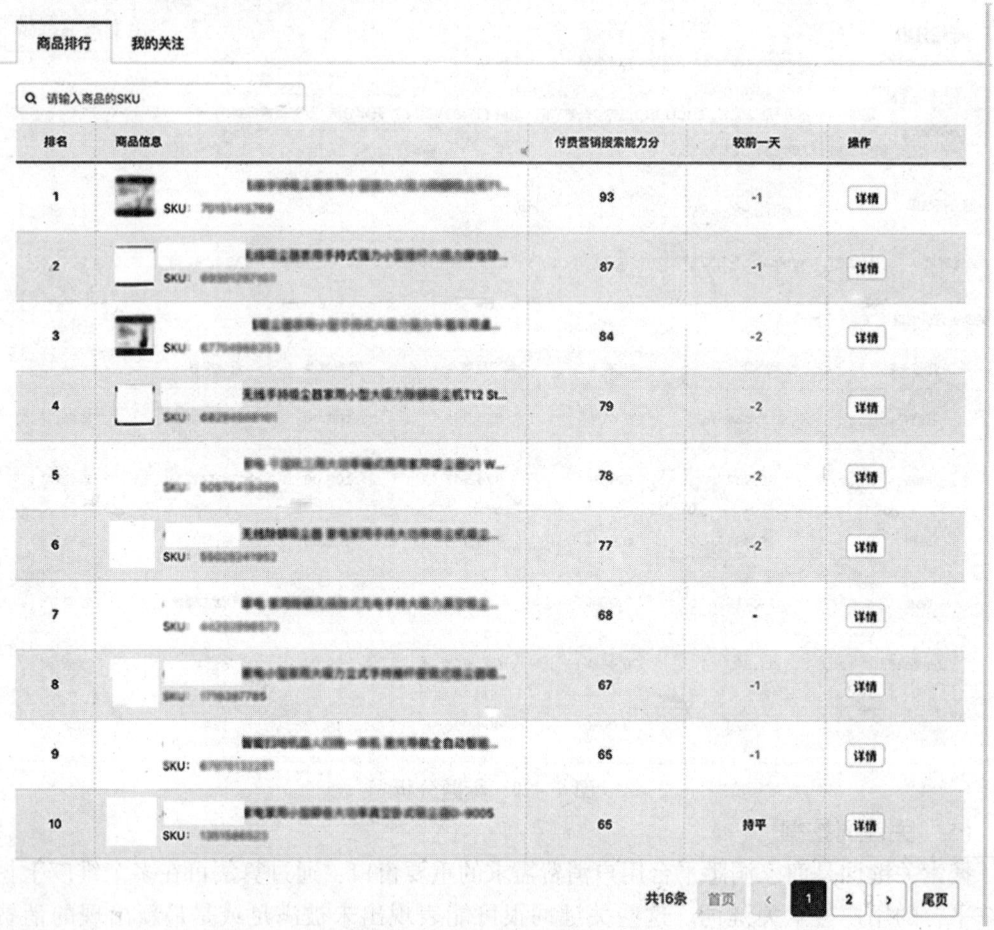

图 6 – 22　付费营销搜索能力分

（二）商品状况

商品运营所需要的概况及明细数据都可以在商品状况中获取。

1. 商品概况

商品概况是展示店铺商品的关键数据，提供趋势图与榜单。针对入仓的商家，还额外提供了入仓商品与非入仓商品的对比功能。另外，商品榜单支持按流量、加购、成交等多种维度获取排名靠前的商品，如图 6 – 23 所示。

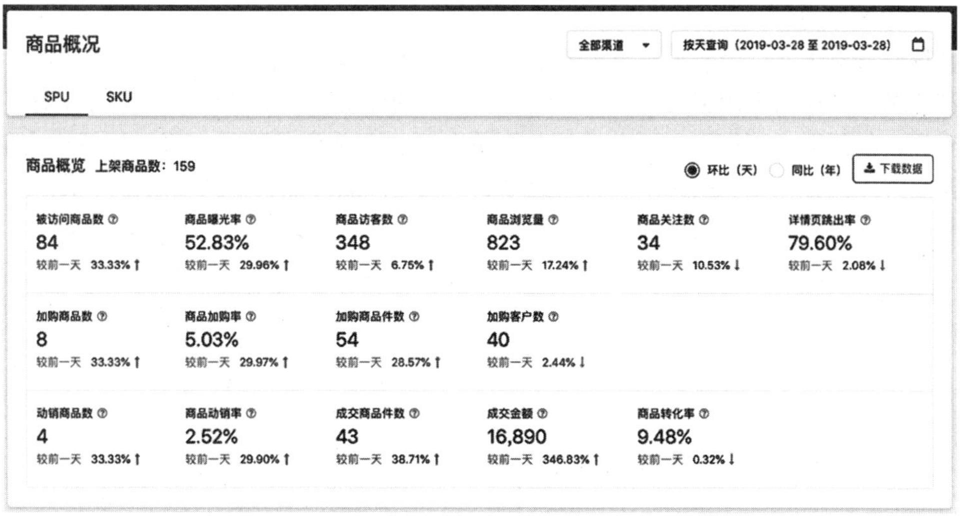

图 6-23　商品概况

2. 商品明细

商品明细是展示店铺内各个商品的明细数据，是商家最常用的数据表格。

3. 异常商品

异常商品是集中展示数据中表现有明显异常的商品，便于商家定位问题，进而有更深入的数据分析。

4. 类目分析

类目分析提供按京东官方类目和店铺自定义类目的基础数据。

5. 单品分析

单品分析支持对单个SKU或SPU进行深入的明细数据分析，包括商品信息、概要指标、趋势图、来源成交分析、转化分析、评价舆情、卖家画像、关联商品、退货原因分析等。

6. 预售商品分析

预售商品分析是对店铺商品预售的数据统计。

7. 属性分析

对店铺商品属性的数据统计，如规格、产地、价格、包装等。

（三）交易情况

作为商家，最关注的莫过于GMV（Gross Merchandise Volume，商品交易总额），因此京东商智对交易相关的数据进行了更加全面分析与呈现。京东商智的交易分析模块是针对店铺内交易数据（订单数据）的分析工具，交易分析包括交易概况、交易特征、订单明细、体检中心这四个页面。

1. 交易概况

交易概况从浏览与购买成交两个维度来组织数据描述，页面分为数据概览与交易趋势两部分。

(1) 数据概览。

数据概览提供上、中、下三行关键指标。第一行是客户的浏览数据，包括基础的访客数与浏览量，描述用户浏览质量的人均浏览量、平均停留时长及跳失率；第二行是客户的下单数据，包括下单客户数、下单单量、下单金额、下单商品件数；第三行是成交数据，包括基础的成交客户数、成交单量、成交金额、成交商品件数，以及描述客户质量的客单价。根据客户转化率指标，可以评估店铺整体的成交质量，如图6-24所示。

图6-24　数据概览

(2) 交易趋势。

利用曲线图来描述与成交相关的数据指标在时间上的趋势，可选的指标包含下单单量、下单客户数、下单金额、下单商品件数、下单转化率、成交单量、成交客户数、成交金额、成交商品件数、客单价、成交转化率和下单成交转化率。在选择单个指标时，平台提供了同行同级店铺在该指标上的均值，供商家进行横向对比，以明确店铺在行业相似体量商家中的竞争情况，如图6-25所示。

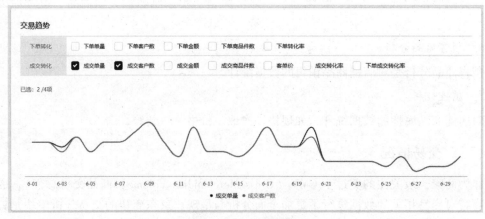

图6-25　交易趋势

2. 交易特征

经过对店铺订单各项数据的提炼，总结出七个描述交易的特征维度，分别是渠道特征、类目特征、品牌特征、商品价格带特征、新老客户特征、支付方式特征与客单件数特征，并从时间维度上的趋势与特定时间的分布两个角度来呈现各项数据的特征。

（1）渠道特征。

渠道特征用来描述交易在 PC、App、微信、手机 QQ、M 端五个渠道上的分布特征，以及各个渠道中各指标在时间上的趋势特征。商家可通过阅读渠道特征数据快速获取店铺中达成交易客户的主要来源。为便于横向对比，京东加入了同行同级商家在各个渠道上的成交金额占比，以支持商家判断同行同级商家在渠道上的经营偏重，如图 6-26 所示。

图 6-26 渠道特征

（2）类目特征。

与渠道特征类似，类目特征呈现交易在京东三级分类上的分布特征，以及各项交易指标数据在各个类目上的趋势特征。通过类目特征，商家可以明确交易在类目方面的构成，以及店铺内所经营的各个类目在时间维度上的趋势。

（3）品牌特征。

店铺的品牌特征呈现了店铺中不同品牌商品的交易情况和主营品牌商品的交易概况。该模块可以进一步链接到品牌行业里的品牌详情页，查看所经营的品牌的详细情况，为店铺在商品决策方面提供数据支持。

（4）商品价格带特征。

商品价格带特征是将整个店铺的商品价格按照不同区间进行的指标展示。合理利用商品价格带特征可以进行多方面的数据分析，为商家优化商品结构提供有力的数据支持和依据，为后续结合行业价格带分析提供参照，不断调整店铺的价格区间来规避或挑战竞争对手，从而提升商品竞争力。

（5）新老客户特征。

作为京东商智新增的分析维度，新老客户特征呈现了店铺交易在新老客户方面的分布特征，以及各项交易数据指标在新老客户上的趋势特征。通过新老客户特征数据，商家可以观察店铺成交在客户类型上的构成，判断店铺新老客户营销的成效等，为店铺在客户营销方面的决策提供数据支持。

（6）支付方式特征。

支付方式特征呈现了店铺交易在支付方式上的分布构成，以及各个支付方式的数据趋势。支付方式特征可以辅助商家洞察交易的支付偏好。

（7）客单件数特征。

客单件数特征呈现了店铺交易在客单件数上的分布构成，以及各个客单件数的数据趋势。客单件数特征可以辅助衡量店铺内商品连带销售的情况。

3. 订单明细

订单明细为商家提供便捷的店铺订单查询功能。商家可以通过特定渠道、特定时间范围或者输入订单号来查询订单。出于效率考虑，京东没有提供从所有时间范围内查询订单的功能，只提供了选定的渠道与时间范围内按订单号查询订单记录。此外，商家可以前往后台查询订单明细，如订单号、商品名称、优惠前金额、成交商品件数、优惠金额、订单金额、运费、成交时间、付款时间、付款方式等信息。

4. 体检中心

体检中心明确了店铺所在的行业和排名情况，包括整店下单金额、我的行业、我的级别、级别排名，这是诊断的前提和基础，如图 6-27 所示。

图 6-27 体检中心

（四）客户特征

电子商务无论是在运营效率还是服务体验等方面，相较传统经营都有很大的优势，但二者的本质都是销售商品，获取利润。因此，了解客户就是商家需要重点考虑做的事，这对店铺整体运营有至关重要的影响。

商家需要清楚地了解自己店铺的主要客户群体是谁，他们需要什么，什么样的设计能引起他们的关注。假设客户群体主要是男性，那么在店铺页面装修上，可以设计简单、大方、硬朗的风格；如果商家的客户群体对促销不敏感，那在日常运营时，可以把重心放在提升商品和服务品质等方面；如果商家客户群体对评论极度敏感，那么需要商家多关注和避免差评的出现。

1. 成交客户分析

成交客户分析包括以下几种情况的分析：成交客户详情，主要反映新老客户的成交占比；成交客户趋势，主要反映新老客户客单量、客单价、客单件数的日变化趋势；成交客户特征，是对商家店铺的消费者在京东整个平台的浏览和购买行为的用户画像，包括性别、年龄、地区、会员等级、购买力、促销敏感度、评论敏感度和购物偏好商品品类等，如图 6-28、图 6-29 所示。

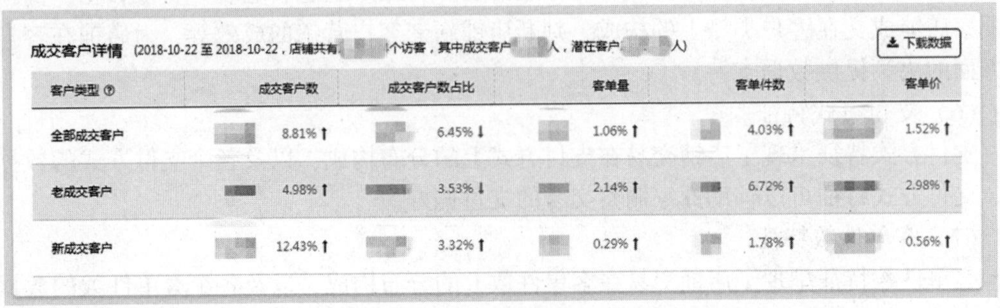

图 6-28 成交客户详情

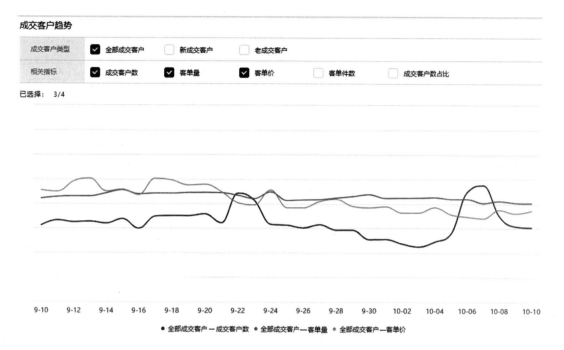

图 6-29 成交客户趋势

2. 潜在客户分析

潜在客户是指在统计时间内，店铺所有渠道的访客 ID 减去所有成交客户对应的访客 ID。由于一个成交客户可能对应多个访客 ID，通常店铺访客数大于成交客户数与潜在客户数之和。

四、行业大盘分析

知己知彼，百战不殆！商场如战场，要想打好电商这场仗，商家仅仅对自己的数据了如指掌显然不够，还需要知道很多其他数据：商家自己店铺所处的行业走势如何？商家自己的店铺排名情况怎样？放眼整个行业还有哪些商业机会？行业热销商品有哪些？流量又有哪些特性？哪些店铺是商家的竞争对手？从京东商智的行业数据分析里可以找到这些问题的答案。行业分析从行业大盘动态、行业关键词、品牌分析、属性分布、产品分析、行业客户六个板块对行业数据进行全方位地分析。

（一）行业大盘动态

行业大盘动态涵盖行业实时、行业大盘、商家榜单、商品榜单、核心大盘数据、对应趋势图、行业对比及行业内实时商家商品榜单等数据，如图 6-30、图 6-31 所示。

图6-30 大盘概况

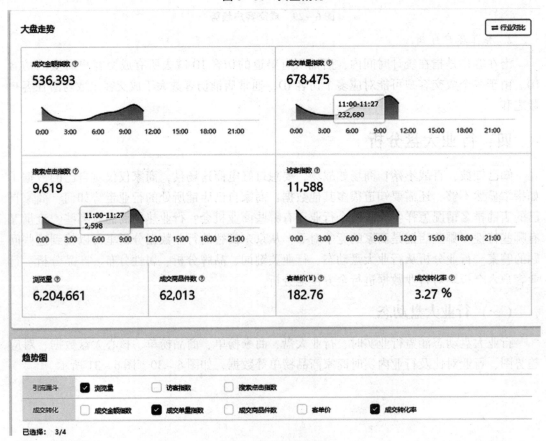

图6-31 大盘走势

(二) 行业关键词

关键词在电商领域有着举足轻重的作用,一个好的关键词能让消费者快速找到目标商品,增加商品的曝光频次,甚至可以帮助商家利用少量热点流量将商品打造成爆款。因此,在电商分析领域,关键词是商家不能绕过的一座金山。行业关键词为京东的POP商家提供了专业的关键词数据查询及分析工具,主要包括热门关键词排行、相关关键词排名等功能。

1. 热门关键词

平台按成交金额、搜索点击率、搜索量排序三个指标提供TOP 500榜单,每份榜单均包含关键词、搜索指数、搜索点击指数、点击率、成交金额指数、成交转化率、成交单量指数、全网商品数、竞争度、最优品类等数据。商家可以通过切换行业、时间等方式查看不同条件下的关键词榜单,还可以通过搜索快速查看某个关键词的明细数据,如图6–32所示。

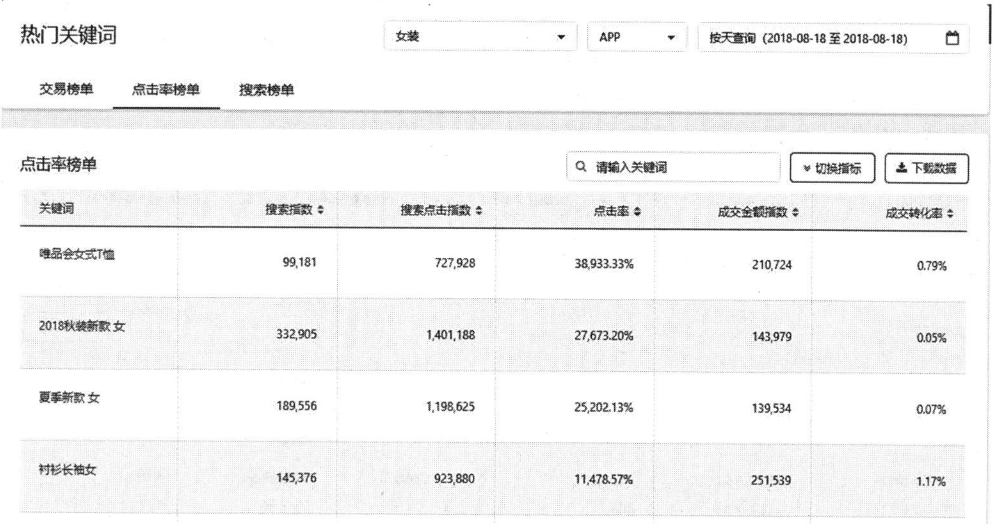

图6–32 热门关键词

2. 关键词查询

通过关键词查询,商家可以查看相关关键词的各项核心数据,如搜索点击指数、搜索指数、成交金额指数、成交单量指数、成交转化率、点击率、全网商品数、竞争度,并和其他关键词或行业平均值进行对比。

(三) 品牌分析

品牌分析帮助商家快速了解行业的品牌情况,主要包括品牌榜单和品牌详情。品牌榜单在选定的类目下,从交易、人气两个维度反映行业品牌排名情况,其中交易榜单按品牌成交金额排序。人气榜单按品牌访客数排序。单击每个品牌后方的"详情"链接,即可以跳转到指定页面查看品牌详情,如图6–33所示。

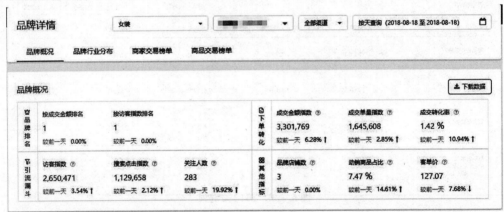

图6-33 品牌榜单

品牌详情从品牌概况、品牌行业分布、商家交易榜单、商品交易榜单四个维度对品牌进行详细的分析,如图6-34所示。

图6-34 品牌详情

(四)属性分析

属性分析包括属性概况和属性详情两部分。

1. 属性概况

属性是对某个类目商品的某个属性的数据描述,可以在选定某个类目商品的某个属性之后,查看属性值下商品的流量、销量、商品数、店铺数等关键数据,如图6-35所示。

项目六 电子商务数据化管理

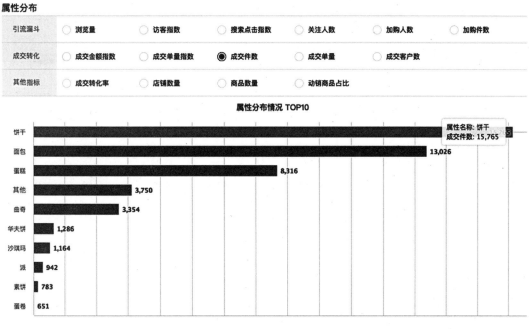

图6-35 属性分布

2. 属性详情

属性值概况呈现了选定属性值商品的整体情况，包括浏览、关注、加购、成交、店铺、商品等指标，在页面下半部分可以查看各个指标的趋势，如图6-36所示。

图6-36 属性详情

（五）产品分析

产品分析模块用于展示特定行业中的产品维度（具有相同品牌+型号/货号的一类商品）的相关数据，可以帮助商家快速了解行业的产品情况，主要包括产品榜单、产品详情和热销商品榜单。商家可以通过对产品数据的剖析，了解产品在行业内的表现情况，从数据中发现问题，从而调整和改善产品策略，提升成交转化，如图6-37所示。

产品榜单

排名	产品信息	成交金额指数	成交商品件数	访客数	搜索点击人数	关注人数
1	费列罗_FLL28TDGJS001SF	1,862,317	1,867	15,984	8,479	200
2	德芙(Dove)_520与1314系列	1,586,931	731	7,477	4,227	95
3	费列罗_金色6颗粒喜糖	1,462,736	5,245	3,518	2,635	22
4	德芙(Dove)_蓝色长盒顺丰	1,419,507	1,096	11,644	6,757	87
5	德芙(Dove)_手提箱金球系列	1,358,212	795	10,194	3,020	63

图6－37　产品榜单

（六）行业客户

行业客户分析模块分为搜索人群、行业客户和卖家分析。通过对指定人群的用户属性、购物行为的分析快速洞察人群，从而制定更加贴合市场、贴合消费者需求的经营策略。

行业客户模块可以分析不同类目的人群特性和不同标签的人群占比等，在不同的应用场景下，如搜索优化、活动策划、产品规划、市场开拓、视觉优化、营销支持、广告支持等场景，可以对人群的定位进行划分，查看人群覆盖比例，结合人群特性有针对性地策划运营活动，从而提升营销效果。

思考： 如何通过行业数据和行业关键词做蓝海词选品？

五、竞争分析

竞争分析是一款帮助商家监控竞争对手的工具，它通过竞争监控、竞争对比、竞争流失分析，帮助商家更有针对性地了解竞争对手的动态和运营模式与方法；洞悉竞争环境，帮助商家制定竞争策略。

竞争分析共有六个菜单，包括竞争配置、竞店概况、竞店对比、竞品概况、竞品对比、竞争流失，如图6－38所示。

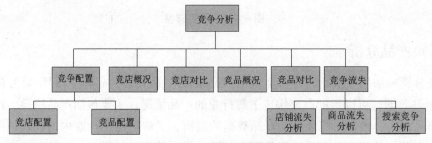

图6－38　竞争分析菜单

项目六 电子商务数据化管理

六、报表分析

报表分析是商家自定义日期和数据指标进行查询并下载店铺和商品数据的工具,可满足商家自由灵活下载各类数据。它有以下几种优势。

1)分析维度任选——店铺数据随心掌控,商品数据逐个追踪。
2)自动更新报表——设置周期,自动更新。
3)数据灵活下载——随时下载报表,自由分析数据。

课堂思政

随着电子商务的发展,商品同质化现象屡见不鲜,很多商家面对严重同质化的商品,为争夺流量,纷纷打起了价格战。正所谓商场如战场,商家进行价格战对消费者来说或许是好事,可以享受到更多的优惠。但是,价格战违法吗?我们一起来了解下相关的法律细则。

《中华人民共和国反不正当竞争法》第十一条规定:经营者不得以排挤对手为目的,以低于成本价格销售商品。《中华人民共和国反垄断法》第十七条第二款规定:禁止具有市场额支配地位的经营者没有正当理由而以低于成本的价格销售商品。《中华人民共和国价格法》第十四条第二款规定:经营者不得为了排挤竞争对手或独占市场以低于成本价格倾销商品,扰乱正常的生产经营秩序,损害国家利益或者其他经营者的合法权益。

不打价格战,又能让自己的商品畅销,是众多商家梦寐以求的事。其实,合理利用数据分析工具进行精细化运营,可以在一定程度上解决商家依赖于低价引流的问题。数据化运营以精细化运营方式,在互联网电商运营的平台上大放异彩。阿里巴巴集团董事局前主席马云指出"未来电子商务的核心竞争优势来源于对数据的解读能力,以及配合数据变化的快速反应能力。"在这个环境下,从事数据分析挖掘的工作者无疑大有用武之地。

任务二 淘宝数据分析平台——生意参谋

任务描述

当商家的淘宝店铺出现问题,如流量下滑、转化率下滑等,商家大多数情况下能够通过经验判断出大致问题所在,但商家所有的分析和判断都必须要通过数据验证和分析,只做主观上判断很容易出错,会给店铺带来不可估量的损失。

生意参谋诞生于 2011 年,最早是应用在阿里巴巴 B2B 市场的数据工具。2013 年 10 月,生意参谋正式入驻淘宝。2014—2015 年,在原有规划的基础上,生意参谋分别整合量子恒道、数据魔方,最终升级成为阿里巴巴商家端统一数据产品平台。

2016 年,生意参谋累计服务商家超 2 000 万,月服务商家超 500 万;月成交额 30 万元以上的商家中,超过 90% 使用生意参谋;月成交金额 100 万元以上的商家中,超过 90% 的商家每月登录生意参谋天次达 20 次以上。

一、生意参谋平台

生意参谋是阿里巴巴面向平台全体商家提供一站式、个性化、可定制的商务决策方案、数据商品服务。基于全渠道数据融合、全链路数据商品集成,不仅为商家提供数据披露、分析、诊断、建议、优化、预测等一站式数据商品服务,还指导商家进行数据化运营,如图 6-39 所示。生意参谋的后台数据包括首页、实时、作战室、流量、品类、交易、内容、服务、营销、物流、财务、市场、竞争、业务专区、自助分析、人群、学院等功能。

图 6-39 生意参谋

二、生意参谋实时数据

生意参谋首页和实时数据为商家实时提供店铺数据直播,实时数据包括实时交易概况、实时流量来源、实时榜单、实时访客入店数据,商家可以利用这些实时数据掌握店铺经营状况及商品的推广引流效果,帮助商家及时对经营策略进行调整。另外,实时数据还可以查看商品具体的营销效果,如流量、转化率、点击率情况,根据数据及时调整推广力度。

（一）实时概况总览全店实时数据

实时概况为店铺提供 PC 端和无线端的实时数据，主要包括访客数、浏览量、支付金额、支付子订单数、支付买家数、支付金额行业排名等数据，并提供相应数据的实时趋势图，方便商家直观了解店铺整体情况，如图 6-40 所示。

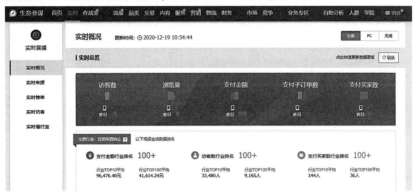

图 6-40　实时概况

（二）实时来源分布分析流量来源渠道

在生意参谋中，商家可查看 PC 端和无线端渠道的访客数占比及数据。

通过生意参谋提供的流量来进行数据分析，可以帮助商家了解各流量来源的详细情况。商家可以对比同行业优秀店铺的流量来源分布情况，找到优势，弥补劣势，从各个流量细节上进行突破优化，从而增加店铺流量。

实时来源还提供访客的地域分布排名和支付买家数排名，商家可以根据支付买家数与访客数比值，得出不同地域的转化率，对流量大且转化率高的地域，可加大推广力度，如图 6-41 所示。

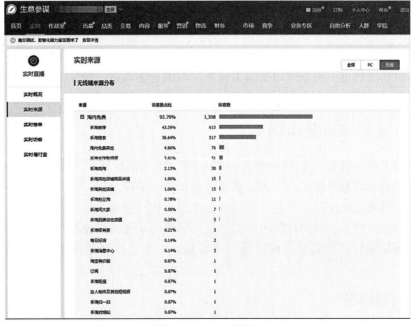

图 6-41　实时来源

(三) 实时榜单分析店铺热门商品

在实时榜单中,商家可以看到商品榜,包括访客数 TOP 50、加购件数 TOP 50、支付金额 TOP 50 和商品品称、浏览量、访客数、支付金额、支付买家数、支付转化率等数据,商家可以根据实时榜单了解店铺排名靠前的商品的核心数据,如图 6-42 所示。

图 6-42 实时榜单

(四) 实时访客来源分析买家方位来源

实时访客主要是为商家提供店铺访客的详细数据,包括访问时间、入店来源、访问页面、访客位置、访客编号等实时数据,如图 6-43 所示。

图 6-43 实时访客

通过实时访客数据,商家可以了解买家在店铺的行为轨迹,分析买家的浏览习惯,从而对店铺页面进行优化。

三、生意参谋流量纵横

流量纵横是解决商家流量的数据化运营问题,并为商家提供一站式、全媒介、全链路、多维度的流量数据分析平台,包括全店流量概况、来源分析、动线分析、消费者分析等数据。流量纵横可以使商家快速了解店铺的流量,在识别访客特征的同时,了解访客在店铺页面上的点击行为,从而评估店铺的引流、装修等状况,以便更好地进行流量管理和转化,用好流量纵横可让商家店铺流量突飞猛进。下面主要介绍流量概况、访客分析的功能。

(一) 流量概况

在生意参谋流量概况的流量看板中,商家可以了解店铺整体的流量规模及变化趋势。

在流量看板中,可以按天、周、月来查看店铺的流量情况,通过流量看板可以掌握店铺的访客数、浏览量、跳失率、人均浏览量、平均停留时长、老访客数、新访客数、关注店铺人数、直播间访客数、短视频访客数等数据,如图6-44所示。

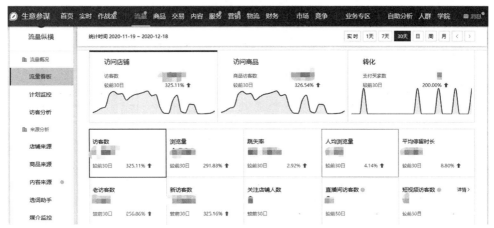

图6-44 流量看板

通过数据分析,商家可以查看店铺的整体流量变化趋势,对异常的数据进行及时调整、优化。

(二)访客分析

访客分析是提供基于访客分布和访客对比的数据模型。

访客分布数据可以访客访问商品页面的时间分布、地域分布、特征分布、行为分布的数据,全面分析店铺访客的特征。

访客对比数据可从消费层级、性别、年龄、地域、偏好、关键词这六个方面,对未支付访客、支付新买家、支付老买家进行对比分析。

如图6-45(a)所示,通过选择日期、终端查看对应统计周期内各终端的访客和下单买家数,帮助商家掌握店铺访客访问的时间规律,进而调整推广策略,将广告集中投入到访客比较集中的时间段。

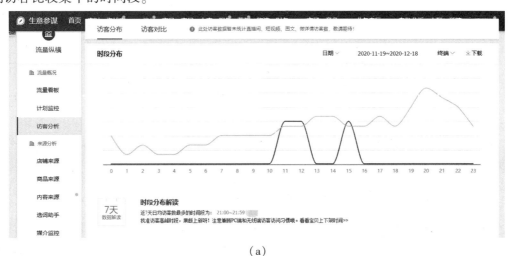

(a)

图6-45 访客分析

通过选择日期和终端，可查看对应统计周期内各类终端下访客的淘气值分布、消费层级、性别、店铺新老访客，以帮助商家验证或辅助调整广告定向投放策略，如图6-45(b)所示。

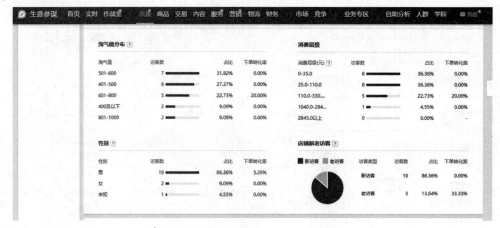

(b)

图6-45 访客分析（续）

(a) 时段分布；(b) 淘气值分布

通过对访客数据的特征分析，商家可以根据访客特征和支付买家特征制订更合理的营销推广方案，如图6-46所示。

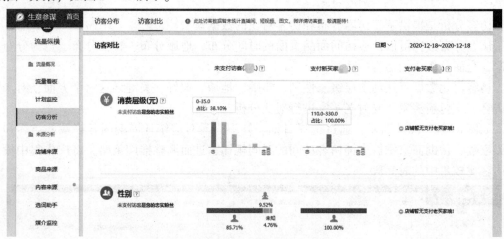

图6-46 访客对比

四、生意参谋交易分析

交易分析主要提供交易概况、交易构成、交易明细等功能，帮助商家从整体到部分多维度了解店铺交易情况。

（一）从交易概况掌握店铺整体交易情况

交易概况数据反映的是不同时间维度下的整体交易情况，帮助卖家更清楚地了解店铺的下单转化率、支付转化率等情况，对异常数据及时进行处理，并提供交易分析趋势图，能更直观地展示各个指标的变化趋势，如图6-47所示。

项目六 电子商务数据化管理

(a)

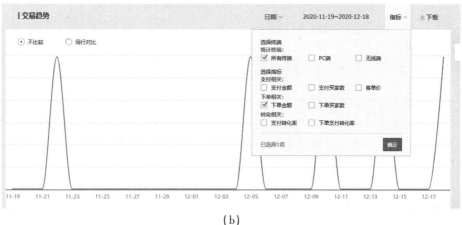

(b)

图 6-47 交易概况

(a) 交易总览；(b) 交易趋势

(二) 从交易构成分析店铺交易情况

交易构成可以从不同的维度分析店铺的交易情况，主要包括终端构成、类目构成、价格带构成、品牌构成、资金回流构成五个方面。

1) 终端构成：主要从成交用户的访问终端来进行分析，如 PC 端和无线端客户支付金额占比、支付商品数、支付买家数、支付转化率等，如图 6-48 所示。

图 6-48 终端构成

2）类目构成：主要从类目的角度分析店铺各类目商品的交易情况。

3）价格带构成：主要用于分析店铺中各商品的价格构成，如哪个价格段更受买家欢迎，转化率如何等。

4）品牌构成：主要从商品品牌角度分析店铺交易的数据。

5）资金回流构成：分析资金回流构成主要目的是促进资金回流，统计出已签收未确认收货的订单，根据离自动确认收货的时长来划分，分成几块有行动点的数据。商家可以根据具体情况来联系买家进行资金回流，其中确认收货指数是由数据挖掘团队给出，根据买家历史确认收货行为及店铺的复购忠诚度得出，星级越高，催单确认收货的可能性越大。

任务三 拼多多后台数据中心

任务描述

拼多多是近年来发展迅猛的电商平台，有很多商家选择在拼多多上开店。在拼多多上经营店铺同样也需要数据化运营思维，通过数据分析找出店铺的问题，并进行优化调整，才能立于不败之地。本次任务就是通过介绍拼多多商家后台的数据中心和第三方分析软件（多多情报通），来解析拼多多店铺的数据化运营之道。

相关知识

很多拼多多商家在分析店铺数据时，除用到拼多多平台自身的数据中心外，还会采用第三方的数据分析软件，如多多查、店透视、多多情报通、多多雷达、情报魔方等。其中，多多情报通是一款非常受商家欢迎的分析软件，它为商家提供开店、选款、测款、运营等多个阶段的数据支持，功能种类齐全，如商品排行分析、关键词类目分析、商品销量分析、资源位数据分析等，让商家在运营店铺的每一个阶段都能获取数据支持。

一、拼多多商家后台数据中心

拼多多商家后台数据中心为商家提供了全面的店铺数据指标，包括经营总览、商品数据、交易数据、服务数据、流量数据等。商家通过数据中心的数据分析，可对店铺进行数据化管理，有效提升销售额。

二、经营总览

经营总览是店铺的指挥中心，核心数据一览无余，如图6-49所示。

图 6-49 经营总览

1）经营计划：可查看店铺月度、年度销售计划的完成情况。

2）预警数据：对店铺物流异常率、纠纷异常数据的提醒，以便商家及时处理异常情况。

3）交易数据：店铺交易数据包含支付金额、支付买家数、支付订单数、支付转化率、支付客单价等数据。

4）商品数据：店铺商品数据包含商品访客数、商品浏览量、商品成交件数、被访问商品数、商品收藏总数等。

5）服务数据：店铺服务数据包含成功退款金额、成功退款订单数、平台介入率、成功退款率、平均退款速度等数据。

6）客服数据：店铺客服数据包含3分钟人工回复率、平均人工响应时长、询单转化率、客服销售额等。

三、商品数据

商品数据是从多维度对店铺的商品进行分析，包含商品概况和商品明细。

1. 商品概况

商品概况包括实时数据和统计数据两部分。

1）实时数据：统计店铺商品实时的商品访客数、商品浏览数、支付订单数、支付金额、支付转化率、被访问商品数等。

2）统计数据：统计前一天、近7天、近30天的历史数据，同时提供同行业商品访客数均值，同行业商品访客数优秀值，供商家参考优化，如图6-50所示。

图 6-50　商品概况

2. 商品明细

商品明细提供店铺所有商品前一天、近 7 天、近 30 天的商品访客数、商品浏览量、支付件数、支付买家数、支付订单数。通过分析商家可以全面掌握店铺商品的情况，如图 6-51 所示。

图 6-51　商品明细

四、交易数据

交易数据中展示交易概况和下单未支付数据。

1. 交易概况

交易概况包括当天实时支付金额、支付买家数、支付订单数等实时数据,并有支付时段趋势图,根据趋势图可以了解买家一般集中在什么时间段内下单,如图6-52所示。

交易概况还包括数据总览,从日、周、月三个时间维度查询历史成交数据,并提供近30天本地同行业平均值、行业优秀值的趋势对比图,如图6-53所示。

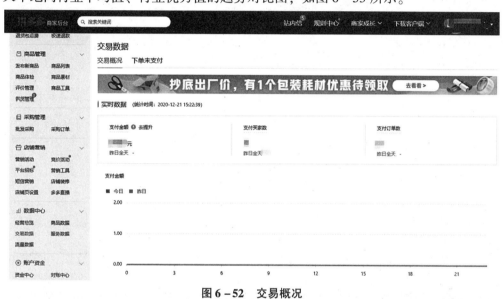

图6-52 交易概况

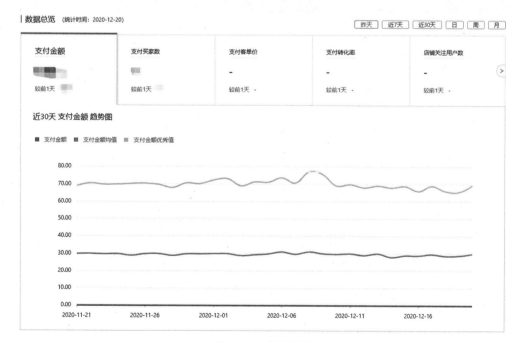

图6-53 数据总览

2. 下单未支付订单

展示当天下单未付款金额、下单未付款订单数及前一天催付数据。商家可以根据下单数据进行催付，提高转化率，如图 6-54 所示。

图 6-54　下单未支付订单

五、服务数据

好服务成就好店铺。商家服务数据是店铺服务的航向标，可从售后数据、评价数据、客服数据、消费者体验指标几个方面综合考察店铺的服务质量，如图 6-55 所示。

图 6-55　服务数据

六、流量数据

流量数据是店铺的重要数据,包括流量看板、搜索流量、商品热搜词、营销活动数据等。

1)流量看板:展示店铺实时的流量情况和一段历史时间内的流量;同时,通过参考行业标准,可判断店铺的流量是否正常,如图6-56所示。

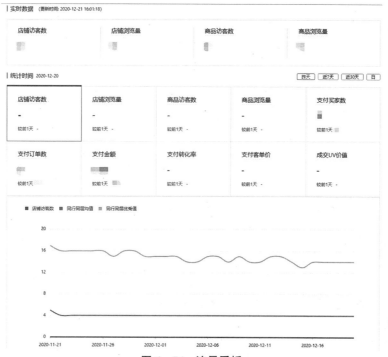

图6-56 流量看板

2)搜索流量:展示统计周期内,店铺所有商品的搜索热度总和。搜索热度是结合曝光、点击等因素拟合的复合指标,如图6-57所示。

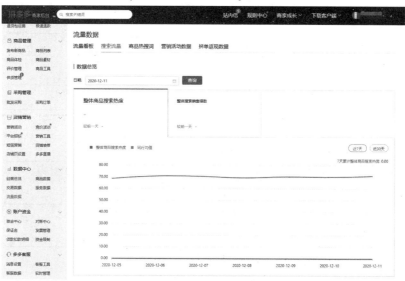

图6-57 搜索流量

3）商品热搜词：查询该类目下搜索人气最高的前 300 个关键词，也可以查询单个关键词的搜索人气值。商家可以根据搜索关键词来选择商品上传，如图 6-58 所示。

图 6-58　商品热搜词

4）营销活动数据：可查询不同活动的效果，包括活动期间商品访客数、商品浏览量、商品成团件数、被访问商品数、商品收藏用户数。商家可根据活动数据来调整活动方案，使其达到最佳效果，如图 6-59 所示。

图 6-59　营销活动数据

七、第三方平台——多多情报通

多多情报通（原多多参谋）是一款为拼多多商家提供分析市场大盘数据的软件，是拼多多第三方合作伙伴，是拼多多商家的生意参谋。软件提供商品分析、选品分析、店铺分析、行业分析、大盘数据、类目排行榜、商品排行榜、竞品追踪、竞品 SKU 销量分析、竞品分析、热词探索、关键字查排名、类目排名、潜力爆款推荐等功能。

（一）商品分析

1）行业概况：选择查看不同类目的商品数、销量、销售额以及 TOP 10 商品销量排行榜，从而了解整个类目的市场行情，帮助商家及时调整运营方式，如图 6-60 所示。

2）定价分析：帮助商家在销量好、竞品少的价格区间设置合理的价格，从而提高点击率和转化率。

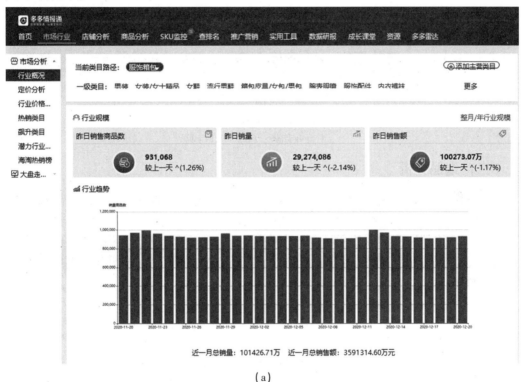

(a)

图 6-60 行业概况

电子商务运营实务

排名	类目	类目路径	销售商品数	销量	销售额	销售额占比	销售额增幅	店铺数量	平均单价
1	袜子/丝袜/打底裤袜	服饰箱包>内衣裤袜>袜子/丝袜>袜子/丝袜/打底裤袜	32600	2338013	¥2141.80万	2.14%	-16.63%	7206	¥9.16
2	内裤	服饰箱包>内衣裤袜>内裤>内裤	26207	1172343	¥2149.92万	2.14%	-32.39%	7333	¥18.34
3	打底裤	服饰箱包>女装/女士精品>裤子/打底裤	15033	1152239	¥2632.03万	2.62%	0.36%	5024	¥22.84
4	休闲裤	服饰箱包>女装/女士精品>裤子/休闲裤	28917	1111480	¥2745.62万	2.74%	-15.92%	9273	¥24.7
5	休闲裤	服饰箱包>男装>休闲裤>休闲裤	24600	1085524	¥3802.73万	3.79%	-15.82%	8263	¥35.03
6	毛衣/针织衫	服饰箱包>女装/女士精品>毛衣/针织衫>毛衣/针织衫	38960	1017794	¥3942.71万	3.93%	24.09%	8817	¥38.74

(b)

图 6-60 行业概况（续）

(a) 行业趋势；(b) 昨日行业

（二）选品分析

1）商品排行榜：通过查看商品前一天、近一周、近一月的销量排行榜，帮助商家快速选款和了解市场发展趋势，如图 6-61 所示。

图 6-61 商品排行榜

2）店铺排行榜：通过查看近一周店铺销量排行榜和近一个月店铺销量排行榜，帮助商家及时了解同类目近一周的 TOP 款，从而深入分析或学习 TOP 店铺经营方式，如

图6-62所示。

图 6-62 店铺排行榜

（三）关键字查排名

通过输入关键字，商家可迅速选择想查看的商品。通过分类筛选，商家不仅可以查询自己店铺的商品和竞品，还能看到自然流量排名和直通车流量的排名，在详情页还能详细分析竞品或者自己店铺的商品排名低的原因，如图6-63所示。

图 6-63 关键字查排名

（四）竞品分析

1）商品查询：快速查询竞品的信息，包括销量、价格等，并能通过商品详情页分析具体的原因，如图6-64所示。

图 6-64　商品查询

2）竞品分析：对比店铺商品和竞品，页面中绿色向下箭头表示商家有优势，红色向上箭头则表示竞争商品有优势。通过竞品分析，商家可快速了解店铺哪里不足、哪里需要优化，如图 6-65 所示。

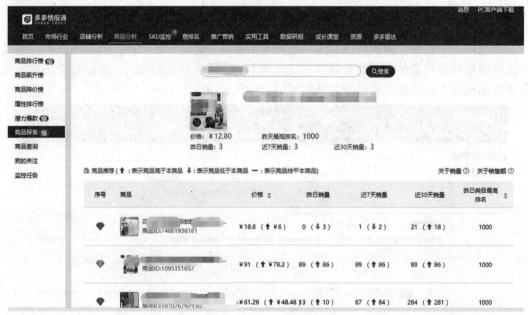

图 6-65　竞品分析

（五）推广营销

1）热搜词探索：快速查询经营类目下不同时间周期的热搜词、飙升词、高性价比词、潜力词情况，从搜索热度、点击热度、点击率、转化率、竞争强度、直通车参考价等维度进行分析；还可提供长尾词的查询，商家可根据提供的数据进行标题优化，如图 6-66 所示。

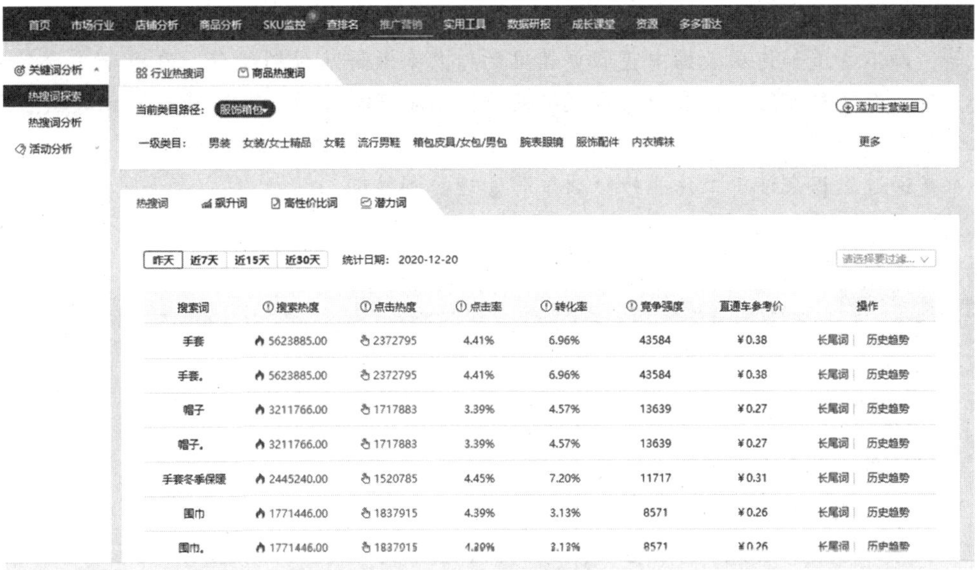

搜索词	搜索热度	点击热度	点击率	转化率	竞争强度	直通车参考价	操作
手套	5623885.00	2372795	4.41%	6.96%	43584	¥0.38	长尾词 | 历史趋势
手套.	5623885.00	2372795	4.41%	6.96%	43584	¥0.38	长尾词 | 历史趋势
帽子	3211766.00	1717883	3.39%	4.57%	13639	¥0.27	长尾词 | 历史趋势
帽子.	3211766.00	1717883	3.39%	4.57%	13639	¥0.27	长尾词 | 历史趋势
手套冬季保暖	2445240.00	1520785	4.45%	7.20%	11717	¥0.31	长尾词 | 历史趋势
围巾	1771446.00	1837915	4.39%	3.13%	8571	¥0.26	长尾词 | 历史趋势
围巾.	1771446.00	1837915	4.39%	3.13%	8571	¥0.26	长尾词 | 历史趋势

图 6-66 热搜词探索

2）活动分析：快速查看特定类目下参加某个活动的全部商品及其活动数量、已售数量、秒杀价格、开始时间/耗时等，如图 6-67 所示。

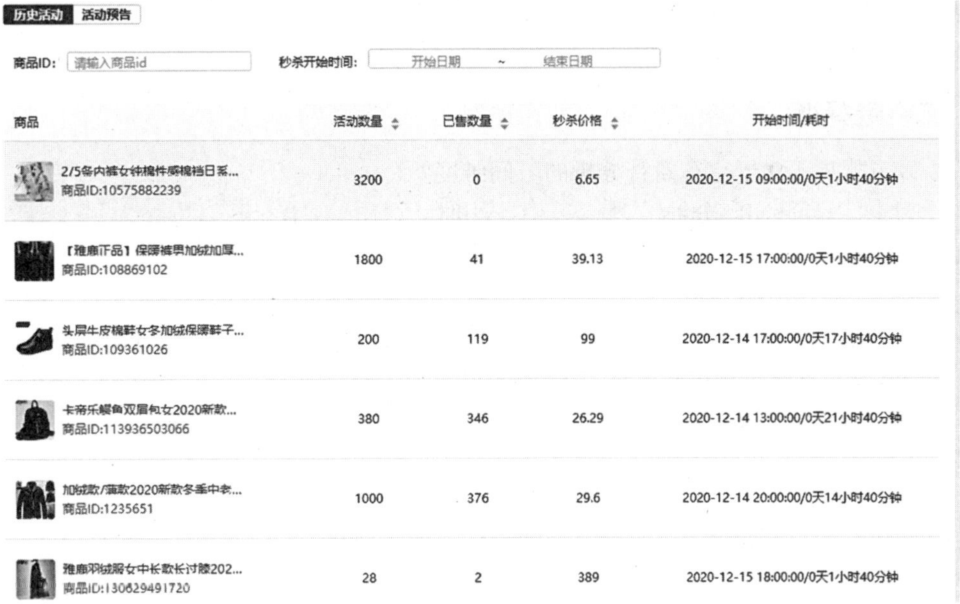

商品	活动数量	已售数量	秒杀价格	开始时间/耗时
2/5条内裤女纯棉性感棉裆日系... 商品ID:10575882239	3200	0	6.65	2020-12-15 09:00:00/0天1小时40分钟
【雅鹿正品】保暖裤男加绒加厚... 商品ID:108869102	1800	41	39.13	2020-12-15 17:00:00/0天1小时40分钟
头层牛皮棉鞋女冬加绒保暖鞋子... 商品ID:109361026	200	119	99	2020-12-14 17:00:00/0天17小时40分钟
卡蒂乐鳄鱼双肩包女2020新款... 商品ID:113936503066	380	346	26.29	2020-12-14 13:00:00/0天21小时40分钟
加绒款/薄款2020新款冬季中老... 商品ID:1235651	1000	376	29.6	2020-12-14 20:00:00/0天14小时40分钟
雅鹿羽绒服女中长款长过膝202... 商品ID:130629491720	28	2	389	2020-12-15 18:00:00/0天1小时40分钟

图 6-67 活动分析

3）资源位查询功能：快速查看竞品参加过的资源位，给商家提供学习案例。

项目总结

随着“互联网+”时代的到来，以及信息技术的日益普及，电商逐步进入大数据时代，各种数据分析技术不断被引入电商中。在电商店铺的运营中，数据分析与管理扮演着重要的角色。然而，很多新手商家不太了解数据分析的重要性，只知道一味地引流、打造爆款等，却不知道如何从数据中获取更精准的信息来做好店铺的经营。在电商平台林立的今天，行业竞争愈发激烈，店铺想要脱颖而出，离不开数据的指导。商家可以将数据化管理工作分成两个部分：一是通过数据来辅助日常工作，让日常工作的选择判断更加合理；另一个是通过数据来评价工作业绩，让工作管理更加规范。

效果评价

一、填空题

1. 京东商智的六大专题工具是（　　）、（　　）、（　　）、（　　）、（　　）、（　　）。
2. 京东商智流量分析包括三个功能，即（　　）、（　　）、（　　）。
3. 流量纵横包括全店（　　）、（　　）、（　　）、（　　）等数据。
4. 拼多多商家后台为商家提供了全面的店铺数据指标，包括（　　）、（　　）、（　　）、（　　）、（　　）。
5. 多多情报通软件功能包含（　　）、（　　）、（　　）、（　　）大盘数据、类目排行榜、商品排行榜、竞品追踪、竞品SKU销量分析、竞品分析、热词探索、关键字查排名、类目排名、潜力爆款推荐等。

二、选择题

1. 以下哪项不属于京东商智分析的时间维度？（　　）
   A. 秒　　　　B. 分钟　　　　C. 小时　　　　D. 天
2. 不能在生意参谋的流量看板中看到的数据的时间维度是（　　）
   A. 天　　　　B. 周　　　　C. 月　　　　D. 年
3. 运用多多情报通的查排名功能，通过输入关键字，可以查询自己店铺的商品和竞品，还能看到自然流量排名和（　　）排名
   A. 付费流量　　B. 免费流量　　C. 直通车　　D. 非自然流量

三、简答题

1. 如何运用京东商智的实时总览功能进行数据监控？
2. 热力图的主要作用是什么？
3. 如何利用多多情报通做好选品分析？

项目七

电子商务客服管理

情景描述

　　某大学电商2班的同学马上要毕业了，为了给全班同学一个特殊的纪念品，班长刘冲准备给全班同学定制团体服，他了解了电商平台情况后，准备在某平台进行咨询购买。
　　他通过销量排名找到了蓝天定制旗舰店进行咨询。
　　刘冲：您好，在吗？
　　蓝天定制旗舰店：您好，有什么需要可以帮助您的，这边为您解答哦。（自动回复）
　　刘冲：我想给全班同学定制衣服，我需要提供什么吗？
　　蓝天定制旗舰店：最好你们自己给图案，当然我们也可以设计，但是设计很忙，现在没有时间，具体什么时间设计好，不清楚，看你们能不能等。
　　刘冲：我想送给全班同学拍毕业照用，具体什么时候能出来呢？
　　蓝天定制旗舰店：亲，已经讲过设计师很忙，时间无法预估，能接受就下单。
　　刘冲觉得这家客服不礼貌也没有解决问题，决定再选另一家店铺进行咨询。
　　刘冲：您好，在吗？想定制团体服。
　　可遇定制旗舰店：您好，在的。您这边有什么要求可以告诉我们，我们这边有专门的设计师帮你们设计哦。
　　刘冲：我想给班里每一位同学都设计一件属于他们自己的独一无二的定制服，想把他们的照片发给你们，你们根据他们的照片，为每个同学设计一个独特的动漫头像，印在短袖的衣服正面，可以吗？
　　可遇定制旗舰店：当然可以的呢，您这边把照片整理好发给我们，我们设计师在一天之内会设计好效果图发您确认，确认没有问题的话，您把尺码发给我们后，就可以直接下单了，下单之后的三天内安排发货哦。
　　刘冲：好的，那衣服图案是用什么工艺做的呢？
　　可遇定制旗舰店：简单的图案一般是丝印工艺哦，复杂的图案一般是胶片工艺呢。
　　刘冲：好的，哪种工艺更好呢，可以推荐吗？
　　可遇定制旗舰店：丝印工艺留图相对持久一些，所以建议给你们设计简单的动漫图案呢。
　　刘冲：好的，麻烦你们了，设计好后，我们确认好图案，就下单。

思考：
1. 为什么刘冲选择了可遇定制旗舰店？
2. 客户咨询时，需要做哪些准备？
3. 遇到客户对商品不满意，客服应该如何处理？

任务一 电商客服的基本素养

任务描述

电子商务客服（以下简称电商客服）是指在新型商业活动中，充分利用各种通信工具，尤其是网上即时通信工具（如咚咚、旺旺），为顾客提供相关服务的人员。客服需要具备一定的服务素养，做到以顾客为先，具体工作分为客户答疑、促成订单、店铺推广、完成销售、售后服务等几个方面。

相关知识

电商客服是负责顾客投诉、订单业务受理（新增、补单、调换货、撤单等），通过各种沟通渠道参与顾客调查、与顾客直接联系的一线业务受理人员。

电商客服面对不同的顾客；最基本的职业素养应该是礼貌、积极地思考顾客的诉求、认真解决客户的问题，而不是采用消极的应对方式来处理问题。消极、被动的处理行为不仅得不到顾客的认可，反而会导致顾客不满或投诉。

一、电商客服职业素养

（一）解答问题的耐心

在工作过程中，客服应保持热情、诚恳的工作态度，在做好解释工作的同时，要语气缓和、不骄不躁，如遇到顾客不懂或难以解释的问题时，要保持耐心，认真解释，直到顾客满意为止，始终信守"把微笑融入声音，把真诚带给顾客"的诺言。

（二）倾听的专心

倾听是一种能力，对提供优质服务至关重要。电商客服是接触顾客反馈意见的关键人员，能直观体现出服务，甚至商品的品质。

（三）对工作的热心

电商客服需要保持对工作的认可及热情。客服的一举一动对整个店铺来说都是至关重要的。客服代表了店铺的品牌形象。电商客服带着热情帮助客户处理问题，顾客也会尊重并认同电商客服。

（四）化解客户情绪

主动化解顾客的不良情绪是沟通的重要策略，可避免更大的冲突。消极处理问题不但会影响客户和电商客服之间的信任，加剧冲突，还会影响电商客服工作能力的提升，也会给店铺造成用户流失和信用危机。

（五）坚守诚信

"人无信不立"。电商店铺面对庞大的受众，需要谋求长久的良性发展。所以，诚实守信显得尤为重要。电商客服人员作为店铺的"发言人"，其一言一行代表的都是店铺的形象。因此，电商客服人员一定要明白自身的行为可能产生的影响，切不可在沟通过程中失信于顾客。

二、电商客服专业素养

电商客服是店铺不可缺少的岗位，一个好的电商客服需要具备一定的专业素养。

（一）语言能力

电商客服最基础、最重要的能力就是语言能力。在网络虚拟平台购物，顾客无法试用商品，沟通就只能通过咚咚等聊天工具，这就更凸显出客服语言能力的重要性。恰到好处地表达话语意思、描述商品信息、解答客户疑惑，都需要语言组织能力。良好的语言组织能力和表达能力是一名合格电商客服的核心能力。在通过文字展现店铺资源（主图及详情页）让顾客迅速掌握商品信息的同时，语言能力展现出了商家的服务态度和水平。

1. 怎样拒绝顾客要求

作为电商客服，当客户提出不合理的要求时，就需要拒绝顾客。想做到拒绝顾客又不流失订单，就要采取一定的方法，如可以在拒绝后给顾客一些补偿，让顾客有一定的心理安慰。

示例

> 顾客：老板，便宜一点吧，不然我不买了。
> 客服：亲爱的，我也很希望能给您最大的优惠，顾客下单的话，我们的工资也能高一点，您说对吧。但是这个价格的确已经是最低了呢，实在没办法优惠了，您看我这边向公司申请下给您送一个水晶茶杯可以吗？

2. 迅速辨别对方的语言环境

客服在与顾客沟通时，要迅速判断对方的语言环境，营造与顾客相同的氛围，如共同爱好、共同地域等，运用对方熟悉的语言能拉近与顾客距离。

示例

> 顾客：我偶像代言这个产品，所以才来买呢。
> 客服：我也很喜欢他呢，上次他在某城市的演唱会，我还专门请了假过去看呢，激动啊！

3. 让顾客做选择题

在销售的时候，通常情况是顾客问、客服答。但一个好的电商客服要学会提问，关于提问的技巧有很多，其中之一就是给顾客出选择题，这会让顾客更快下决定，也更容易沟通。

示例

> 顾客：看了半天眼都花了，不知道要买哪个了。
> 客服：亲，那您喜欢牛皮材质的还是羊皮材质的呢？

4. 超出顾客预期

在与顾客沟通时，不是顾客问一个问题就答一个问题，要让顾客有更好的购物体验，可以多回答一些内容，超出顾客的预期，效果会更好。

示例

> （一问一答）
> 顾客：这件衣服什么材质的啊，我身高168cm穿着会不会短？
> 客服：亲，纯棉材质，不短哦。
> （超出顾客预期的回答）
> 顾客：这件衣服什么材质的啊，我身高168cm穿着会不会短？
> 客服：亲爱的，这件衣服是纯棉的，夏季穿着比较吸汗，穿上也很舒适哦，您身高168cm穿上不会显短，我们模特也差不多这么高的，穿上很合适，上身效果也很好看哦。

（二）销售能力

作为电商客服还应该具备一定的销售能力，以谈判的心态和每一个客户对话，这样能提升顾客的留存率，提高商品的成交率。

1. 挖掘需求

了解顾客的真正需求，赢得顾客信任，是顾客下单的关键。如何了解顾客真正的需求呢？可以从"问""看"两个方面入手。

问：需要试探着问，通过开放式问题或封闭式问题了解顾客的真正所需。当电商客服不太清楚顾客需求时，不要过于拘谨，建议多用开放式问题，如顾客所购商品的使用对象、对想购买商品的要求或想法，也可以从顾客的生活习惯或者对主流商品的看法等方面入手把握顾客的需求。在"问"这一环节中，电商客服要学会恰当提问，不能为了摸清顾客的需求，频繁提出问题，不给顾客丝毫喘息的机会，这样反而适得其反。

看：如果顾客不善言辞，在与顾客的对话中没有挖掘到有用的信息，电商客服就需要从"看"方面入手，看顾客最近浏览、购买、咨询等方面的信息，判断顾客的需求。

2. 精准推荐

在了解顾客的需求后，如果没有顾客特别中意的款，电商客服就要进行推荐。精准推荐需遵循五个原则：顾客偏好，顾客反馈，新品，销量突出，自己用过的商品。

3. 异议处理

当顾客接受电商客服的推荐以后，往往会有一些疑虑，这时就需要客服人员对顾客的疑虑进行处理。最常见的是对商品价格、服务或商品有疑虑，客服人员可根据顾客的疑虑为顾客解决。如店铺有优惠促销活动时，可为顾客推荐；如果价格上没有优惠，则可突出商品品质。

（三）专业能力

只有语言能力、销售能力是远远不够的，合格的电商客服还必须熟悉自家的商品。客服需要积累和总结专业知识，不断总结回顾遇到的问题，这样面对顾客时自然胸有成竹。

电商客服可以从商品优势、顾客需求、顾客顾虑三个方面来挖掘商品卖点。

1）商品优势：能够实现的功能和功效，如衣服防风、保暖、防晒、舒服、冰凉清爽、易吸汗、明星同款等。

2）顾客需求：能给顾客带来什么，如衣服穿起来遮肉、显瘦、显高、显脸小等。

3）顾客顾虑：顾客迟迟未下单、犹豫的原因，如衣服是否掉色、缩水、勾丝、有无内衬、是否需要打底、衣服尺码偏大还是偏小等。

找到商品卖点后，电商客服要在聊天中向顾客突出商品的卖点。

示例

下面以销售保温杯示例。

客服可以从商品的优势角度进行销售，如商品优势是保温效果好。顾客问："杯子保温效果好吗？"客服给顾客推荐的时候可以说"亲亲，很好呢！我们家这款保温杯做了八层锁温防护，保温效果可以达到 36 小时呢！"

客服可以从顾客的需求角度进行销售，如顾客的需求是便携。顾客问"杯子主要在外面使用，方便携带吗？"客服给顾客推荐的时候可以说："亲亲，方便呢！这款是容量 300mL，相当于一瓶小矿泉水的容量，小包也能 HOLD 住哦！"

客服还可以从顾客担心的角度进行销售，如顾客担心安全问题。顾客问："杯子有异味吗，安不安全？"给顾客推荐的时候说："亲亲，安全呢！它采用的是食品级 PP 材质，不含双酚 A，可经受反复高温，化学稳定性好。保证安全，您可以放心使用。"

（四）应变能力

应变能力也是客服管理中至关重要的能力。在与顾客交流过程中，除了要积极进行回答外，也要客服对顾客加以引导，并灵活应对各种特殊情况。在长期与顾客的对话中，客服可以形成自己的问答体系，积累经验，从而提升服务质量。

1. 假定顾客愿意购买

当顾客多次出现购买信号，却又拿不定主意下单时，电商客服可运用"二选其一"的技巧，如电商客服可以对顾客说："请问您是要那件浅蓝色的上衣还是那件浅白色的上衣呢？"或是说："请问今天帮您安排发货有什么问题吗？"这二选其一的问话技巧，只要顾客选中一个，其实就是电商客服帮顾客拿定了主意，就可能促成顾客下决心购买。

2. 帮助顾客挑选

许多顾客即使有意购买，也可能不会迅速下单，他可能会在商品颜色、规格、样式、发货日期上纠结、犹豫。这时，聪明的电商客服就要改变策略，暂时不谈订单的问题，转而热情地帮顾客挑选颜色、规格、样式、交货日期等，一旦上述问题解决，此订单也基本落实了。

3. 利用"怕买不到"的心理

越是得不到、买不到的商品，人们常常就越想得到它、买到它。电商客服可利用这种心理来促成订单，如电商客服可对顾客说："这种商品只剩最后一件了，短期内不再进货，您不买就没有了。"或说："今天是优惠价的截止日期，请把握良机，明天就没有这么低的折扣价了。"

4. 先买一点试用

当顾客想要买店铺的商品又对商品没有信心时，电商客服可建议顾客先买一点试用。只要对商品有信心，虽然刚开始订单数量有限，但是顾客试用满意之后，可能会给店铺带来大订单。这一"试用看看"的技巧也可帮顾客下决心购买。

5. 欲擒故纵

欲擒故纵法又称冷淡成交法，是针对买卖双方经常出现的戒备心理和对持现象，在热情的服务中不应向对方表达"志在必得"的成交欲望，而是抓住对方的需求心理，先摆出相应的事实条件，表现出"条件不够，不强求成交"的宽松心态，使对方反而产生成交的惜失心理，从而主动迎合我方条件成交。

6. 反问式回答

当顾客问到某种商品，不巧正好没有时，就要运用反问来促成订单，如顾客问："你们有银白色手机吗？"这时，电商客服不可直接回答没有，而反问道："抱歉，我们现在只有白色、棕色、粉红色的手机，这几种颜色里，您比较喜欢哪一种呢？"

三、电商客服考核标准

如何评判一名电商客服人员是否合格，可以从以下六个维度进行考核。

1. 打字速度

客服打字的速度越快，客户等待回复的时间就会越短，越有利于客户的成交转化。正确的打字输入方式、多用短句、巧借力，是提升速度的核心。

2. DSR 评分

DSR 评分有三个指标：描述相符、服务态度、物流服务。从电商的角度看，这三个指标几乎就是评价一个店铺好坏、受欢迎程度最关键的指标了。

3. 首次响应时间

首次响应时间是指客服第一条人工回复的消息与会话创建时间的时间差的平均值。

客服及时地首次回复客户是店铺经营的重中之重，商家做好客服首次响应这一个版块，塑造一个积极热情的服务形象，能有效地提高咨询转化率，给店铺带来巨大的利润。

4. 平均响应时间

平均响应时间一般在20秒以内，也有一些高级电商客服平均响应时间在12秒以内。

5. 答问比

答问比是指电商客服回复的信息条数与顾客询问的条数比，这个数值体现了电商客服回复顾客的积极性和热情度。顾客问一个问题，电商客服回复1句，答问比就是1∶1，也就是100%；顾客问一个问题，电商客服回复2句，答问比就是2∶1，也就是200%。

6. 回复率

回复率是回复人数与接待人数之比。回复率100%表示没有遗漏任何一个顾客的咨询。

任务二　售前咨询服务

任务描述

随着商家之间的竞争越来越激烈，商家对电商客服的要求也越来越高。顾客在各类电商平台购物时，都会或多或少地与电商客服进行沟通，客服的专业度直接影响商品的转化与店面形象。本任务将系统介绍售前客服的相关知识，帮助提高商家的品牌竞争力与商品转化率。

相关知识

顾客是商家的资源，是根基，是命脉，是口碑，是核心竞争力。通过提供优质的服务，可以赢得顾客的信赖和支持，留住现有顾客，并使其协助不断开发潜在顾客，为商家带来源源不断的效益，这也正是顾客服务的价值所在。

一、售前客服

售前客服的服务品质，往往是使商品在市场竞争中脱颖而出的重要因素。顾客在购买时，不可避免地会考虑或对比商品的额外价值。好的售前服务有助于提高商品的综合价值。

（一）售前客服的含义

售前客服就是为顾客提供专业的商品、价格、交付与服务保障方面的咨询服务，激发顾客购买需求。

（二）售前客服的岗位职责

1. 解决顾客疑问

除少部分自助下单的顾客，大多数人在网购下单前会向售前客服咨询关于商品、快递、售后、价格、网站活动、支付方式等相关问题。每一个问题都可能是阻挡顾客下单的障碍，需要售前客服及时有效地解决顾客疑问。

2. 与顾客进行沟通协调

因系统或网络原因造成的订单异常、后台库存更新不及时造成无货等情况，都需要售前客服及时与顾客进行沟通，并给予替换方案，安抚顾客情绪，避免顾客流失。

3. 及时将顾客建议传递给其他部门

当售前客服沉迷于商品描述或介绍时，容易忽略顾客的感受。对于售前客服来说，了解顾客感受主要集中在顾客购物体验上。

哪些因素会影响顾客的购物体验呢？如超长的页面加载时间、无限制地使用 Flash（网页动画设计软件）图片、页面排版过长、不友好的导航、过期信息、死链接或链接错误等。顾客一般不会给出专业的建议，客服要善于从顾客的"吐槽"中听取意见并整理反馈给相关部门。

除了购物体验外，顾客还可能提出关于商品的需求建议。商品的类目是否完整，该商品是否符合目前主流顾客的要求，商品的上架选择上是否还需要完善或调整等，这些建议对店铺的商品结构调整非常有帮助。

二、售前客服的作用

（一）引导顾客下单

顾客在下单前会有关于商品、快递、售后、价格、网站活动、支付方式等方面的疑虑或障碍，需要咨询售前客服。及时有效地解决顾客问题是设置售前客服的目的之一。

（二）提高成交率

除了自助下单的顾客外，多数顾客下单前都会与售前客服进行沟通，售前客服的作用之一就是排除顾客成交中的障碍，帮助转化，将疑虑顾客、问题顾客、纠结顾客等顺利转化，提高成交率。

（三）实现口碑营销

口碑营销是在营销市场中流传甚广的营销方式，主要通过老顾客对商品品牌的认可和赞誉，来吸引更多的潜在顾客。通过顾客间的交流将商家的商品信息或者品牌理念传播开。电商口碑营销的重要推动者就是售前客服，售前客服通过真诚的帮助赢得顾客的信赖，继而实现商家品牌的口碑营销。

（四）塑造店面形象

在网络购物时，顾客看到的商品都是一张张图片和一段段文字，既看不到商家实体店铺，也看不到商品本身，无法了解各种实际情况，因此容易产生距离感和怀疑感。通过与售前客服的交流，顾客可以逐步了解商家的服务和商品，使电商公司逐步树立起良好的店铺形象。

三、售前客服必备的技能

对电商而言，售前客服需要掌握以下几种技能。

（一）沟通技能

在消费理性趋于成熟以及竞争愈演愈烈的情况下，商家靠什么去吸引顾客？靠装修这些硬性条件都是引流的好方法，但是并不能保证转化率。而售前客服的沟通就是商家的软实力，能加速商品的成交。

1. 招呼技巧

及时回复，礼貌热情。当顾客咨询时，先来一句"您好，欢迎光临"诚心致意，让顾客觉得有一种亲切感。当顾客询问"在吗？"的时候，可以回答："亲，在的，正等您呢！很高兴为您服务！"顾客买东西可能会货比三家，同时与好几家联系，所以售前客服要在顾客咨询的第一时间，快速回复买家，抢占先机。

可以运用幽默的话语，如聊天工具的动态表情可以增添不少交谈的气氛，能够让顾客感受到售前客服的热情和亲切，增添对店铺的好感，这对交易成功率的提高大有帮助。

示例

> （服装店。）
> 顾客：老板，在吗？
> 售前客服：亲，在的，正等着您呢！很高兴为您服务！
> 顾客：你家新款还有吗？
> 售前客服：有的亲，非常感谢您的关注，这是链接，这款面料非常亲肤不起球，衣服的版型非常好，打理也很方便的。您看下有什么不清楚的我及时为您解答。

2. 询问技巧

热心引导、认真倾听。当顾客询问店铺的商品时，如果有的话，应一并向顾客介绍商品的优点等。如果询问的商品没有库存了，可以这样回答："真是不好意思，这款卖完了，有刚到的其他新款，给您看一下吧"。不要直接回复没有，这个时候尽量让顾客看看店里的其他商品。

示例

> （化妆品店。）
> 顾客：我想买个精油，推荐一下。
> 售前客服：好的，您是自己用，还是送人呢？

顾客：想送给女朋友当礼物。
售前客服：请问您女朋友的皮肤是偏油性还是偏干性呢？
顾客：她有一点爱长痘痘。

课堂提示

因为在网上购物，看不到本人，顾客是哪里人也不知道，更不用说是男性还是女性了。所以询问要有技巧，通过询问了解顾客的需求。

3. 推荐技巧

体现专业、精准推荐。根据收集到的顾客信息，给顾客推荐最合适的商品，让顾客感受到客服的热心和专业，提升购买率。

示例

[化妆品店（接上一情景）。]
售前客服：好的，我帮您推荐最合适的一款精油，请稍候。
售前客服：亲，久等了，您女朋友的皮肤爱长痘痘，说明皮肤偏油性，毛孔堵塞容易引起痘痘，我帮您推荐了这款茶树精油。首先这款精油可以清洁毛孔，其次可以解决油水平衡问题。最后，这款精油具有消炎杀菌功效，特别适合您女朋友。下面是商品链接，您看看吧！

课堂提示

推荐一定要展现售前客服的专业性，顾客一般会认为售前客服都是专业的，所以售前客服要对顾客负责，用专业的心做专业的事，做精准的推荐！

4. 议价技巧

以退为进、促成交易。如果顾客继续议价但不能减价时，售前客服可以通过其他方式，如赠送小礼品等，让顾客觉得即使没有讲下价来，也会有收获。

当话语很长的时候，不要一次性打很多字，因为顾客等久了，可能就没有耐心而退出。售前客服可以一段话发出去后再继续编辑，这样就不会让顾客等太久。如果顾客认为贵的话，顺着顾客的意思，承认顾客的判断，但是委婉地告诉顾客物有所值，一分钱一分货，提示顾客需要综合考虑，不只是看商品，还要看包装品质、价格、品牌、售后等因素。这样处理，大部分顾客都会接受的。

议价也是需要空间的。每位消费者都有议价的想法。商家如果提供了议价的可能，一定要留出议价空间，不要将初始价格定得过低。

议价可能是每个商家都会面对的问题，具体分为以下几种类型。

（1）占便宜型。

示例

顾客A：感觉有点贵，打个折吧！

售前客服A：亲，我们都是明码标价哦，您买得踏实，宝贝虽然有点贵，但是值这个价呢！商品的原料、品质、包装、售后评价都不错哦！该给的优惠您不说我们也会给您的，我们是正品专卖，您请放心！

顾客B：别家比你卖得便宜呢！你多少也得给点优惠吧！

售前客服B：亲，同样的商品也有档次的区别呀，都是汽车，QQ车只要几万，而法拉利为什么要几百万呢？就算是同档次的商品，也会因为品牌、进货渠道等因素而有区别。我不否认您说的价格，但那种价格我们这个品牌没办法做的，我也不介意您再多比较比较，如果您能选择我们，我们会在我们力所能及的情况下尽可能给您优惠的。

顾客C：我第一次在你这里买，给我打个折吧！

售前客服C：非常感谢亲对小店的惠顾，不过，对于初次交易我们都是这个价格的哦，当然在我们交易后您就是我们的老顾客啦，以后不论是您再次购买或者是介绍朋友来购买我们都会根据实际条件给予优惠的。

顾客D：别人比你卖得便宜呢，你多少也得给点优惠啊！

售前客服D：我完全同意您的看法，但您应该知道价格和价值是成正比的吧？从现在来看您也许觉得买得比较贵，但是长期来说反倒是便宜的。因为您一次就把东西买对了，分摊到长期的使用成本来说，这样是最有利的。常言说：好货不便宜，便宜没好货。所以，我们宁可一时为价格解释，也不要一世为质量道歉。

（2）威逼型。

示例

顾客：反正我就只能出这个价钱，你看行不行，行的话我就拍，不行的话我就去别家看看！

售前客服：看来我们合作的可能性比较小了，还请您多多见谅。如果您一定要走，真是非常遗憾，不过我们会随时欢迎您再次光临！

（3）同情型。

示例

顾客A：老板我还是学生，给我打个折吧，我会介绍同学的。

售前客服A：现在淘宝的生意也很难做呀，竞争也很激烈，我们这个月的销售额还没有完成任务呢！其实大家都不容易，亲再讲价的话，这个月我们就要以泪洗面了，请亲也理解一下我们的苦衷吧，好吗？

顾客B：老板我卡里正好只有这么多钱了，你就按这个价钱给我吧！

售前客服B：哎呀，亲，如果您卡里余额多一些呢，我就咬咬牙卖给您了，但是您这个差得也太多，我们完全没有利润了。

(4) 犹豫型。

示例

顾客：我还是再看看吧！

售前客服：网购之前考虑清楚是非常必要的，这样可以避免很多不必要的麻烦。那么我们可以了解一下您还需要考虑哪些方面吗？

(5) 担心质量问题。

示例

顾客：你们商品质量怎么样啊，我以前没用过你们的牌子，也没听过啊！

售前客服：您放心，我们已加入"消保"，并也提交了保证金，有平台做担保，您不用担心。而且我们在某地有自己的工厂，原材料全部从国外进口，在工厂进行分装，品质可以100%保证，假一赔十！

课堂提示

对顾客的讲价，以退为进，稍做让步，语言上一定不能太强硬，这样让顾客感觉很不舒服，如果不能讲价可以送顾客一些小礼品。

5. 核对技巧

体贴、专业，提升服务。顾客拍下商品后，售前客服应该及时与顾客核对地址、电话等个人信息，另外需要特别关注顾客的备注留言，做好备忘录，避免错发、漏发等情况，减少不必要的麻烦和纠纷，也给顾客留下售前客服认真负责的好印象。

示例

客服：亲，麻烦您核对一下您的茶树精油订单信息：广东省广州市白云区××路××小区。

课堂提示

核对很重要，很多客服容易忽视这一环节，做好这一步可避免很多不必要的麻烦。

6. 道别技巧

热情大方，礼貌欢送。无论成交与否，售前客服都要表现出大方、热情的态度，让顾客感受到售前客服的诚恳热情，提升顾客回购率。

(1) 成交的情况下，简单大方地结束话题。

示例

客服：谢谢您的惠顾，请您耐心等待收货，合作愉快，随时欢迎您下次光临。

（2）没有成交的情况下，也要客气地回答。

示例

> 顾客：我再考虑一下吧！
> 客服：好的，谢谢光临！买不买都是朋友哦！新货过三天就到了，到时候记得来看哦，我们随时欢迎您的光临！

课堂提示

> 和顾客成为朋友，买不买态度都是一样的好，为下一步销售做铺垫。

7. 跟进技巧

视为成交、及时沟通。

售前客服看到商品被拍下，在还没有付款的情况下，要做到订单及时跟进。

示例

> 售前客服：您好！谢谢您选购我们的商品，我们已经为您做好了发货的准备，请您核对地址，快递在今天下午5点前就来取货了，请尽快付款哦！

课堂提示

> 售前客服是顾客和商家之间的沟通桥梁，每单交易的成败一定程度上掌握在售前客服的手中。因此，与顾客之间的良好沟通是售前客服的工作职责，需要具备一定的方法技巧，合理的沟通技巧会让商家的运营事半功倍。

（二）业务技能

1. 熟悉购物流程

熟悉购物流程，了解顾客在每个购物流程中的心理特征，针对性地制定话术。

2. 了解商品

（1）自有商品学习。

可以从以下几个维度来进行商品的学习。

1）商品属性。商品的基本属性包括大小、重量、等级、容量、材质、包装、成分、配比、特性、颜色……售前客服需要站在顾客角度来考虑，归纳整理出商品的基本属性。

2）商品搭配。按照商品的色彩、款式、功效、长短等原则，用周边商品去包装、烘托主题，让顾客的舒适度、满意度和使用效果达到最佳水平。搭配商品是对售前客服审美能力和商品熟悉度的综合考验，也是关联销售的必要储备，如图7-1所示。

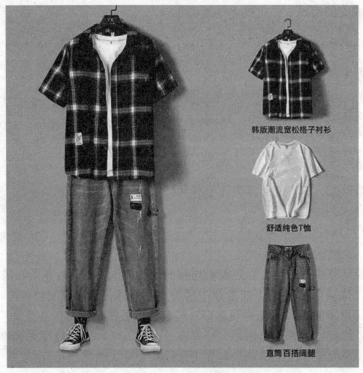

图7-1 商品搭配

3)商品功效。如显瘦、显白、补水、保暖等商品功效,也可提炼差异化功效,解决消费者痛点。

4)使用维护。如洗涤要求、拆卸方法、安装方法和售后维护等,解决顾客后顾之忧,从而减少售后问题。

5)其他问题。以顾客思维去考虑商品其他相关问题,并针对问题做出解答预案。

(2)竞品学习。

1)搜索竞品。在电商平台的搜索框中输入商品关键词找竞品。

2)比较价格。比较自有商品和竞品的价格,了解主要竞品价格。

3)比较详情页。比较自有商品和竞品的详情页,了解竞品的卖点。

4)找到差异。通过比较,找到自有商品和竞品之间的差异,总结自有商品和竞品之间的优势和劣势。

3. 物流配送信息

什么时候发货?物流需要几天?用哪家快递公司发货?某某地区能配送到吗?有没有额外邮费补差等,这类问题一般发生在顾客已经对商品比较熟知,是顾客下单前最关心的一些问题。作为售前客服,对于店铺的物流配送方式及送达时效等情况必须非常清楚,并给予及时回复。

4. 售后服务

售后服务是商品售出后商家能为顾客提供的服务,也是商品本身的附加值。对于品质、功能方面一样的商品来说,不一样的售后服务就是商品的竞争优势。售前客服对商品售后服务的了解非常必要。

项目七 电子商务客服管理

5. 活动及销售政策

商品的活动及销售政策是商家的一种促销手段,也是成交的重要助力。售前客服提供服务的最终目的就是达成交易,对于商品活动的了解和销售政策必须要了如指掌,这样才能在顾客有需求的时候主动抓住机会,引导成交。

6. 掌握客服工具使用

客服工具是售前客服与顾客沟通的桥梁,也是传达沟通的主要通道。正确使用客服工具有助于提升转化率,拉升客单价。更进一步而言,商家可以了解顾客需求,从而调整商品推广策略。不同平台所使用的客服工具各不相同,客服对工具掌握的熟练程度直接影响客服工作的效率及准确度。

任务三 售后纠纷处理

任务描述

随着人们生活水平的不断提高,消费者的维权意识也跟着提高,他们除了关注商品质量,也同样关注商品的售后服务。售后服务的优劣直接影响消费者的满意程度,这也使商家越来越看重售后服务,优质的售后服务是品牌经济的产物。如果客服遇到售后问题,该怎么解决呢?

相关知识

售后服务是指在消费者签收商品后,商家与消费者之间的交流工作,旨在解决订单付款后产生的一系列问题,主要包括查件、催件、少货、错货、运输破损、质量问题、投诉维权、退货等问题。售后服务是整个电商交易过程的重点之一,与商品质量、店铺信誉同等重要。

一、售后物流问题

(一)物流信息不更新

当消费者询问为什么物流信息一直停留在某一状态时,售后客服要第一时间到后台及物流公司官网查询该订单的物流信息,看看后台是否延迟更新信息;如果没有物流信息,要及时联系物流公司给予解决方案,同时安抚好消费者情绪,约定处理时间,给订单做好备注,以防遗漏问题订单。

(二)包裹破损

若是商品破损,售后客服要先给消费者致歉并解释;然后请消费者将破损情况拍照并上传平台，确认之后，告知消费者可以选择退款或补发商品，客服也可以赠予消费者优惠券，同时还要与物流公司协商后续处理事宜。

（三）物流公司丢件

如遇消费者反馈包裹丢失问题，售后客服首先要去查看物流信息是否有更新，如果没有更新，立即联系物流公司，查询是否丢件。若物流公司不能马上查出问题所在，先给消费者一个承诺处理时间，超过这个时限要第一时间给消费者补发商品；同时也要让物流公司明确一个处理时限，后续持续跟进物流公司物流情况，如确定丢件，与物流公司协商赔偿事宜。

（四）物流显示已签收，但消费者没有收到

遇到消费者反馈这样的问题，售后客服要第一时间向物流公司确认情况。如果是快递员放在代收点但没有通知消费者，就需要快递员告知消费者前往取件；若是物流公司无跟踪结果，提供不了第三方凭证且消费者未收到商品，那么就先给消费者重新补发商品，同时跟踪物流公司方面的反馈，若有找到则需要退回，未找到就要与物流公司协商赔偿事宜。

（五）物流超区

如果消费者反馈物流不能送达，要消费者自己去网点取，这就属于物流超区，建议商家多与几家物流公司合作，互补盲区。若已发生超区情况，商家需要与物流公司沟通，转发可送达的物流公司，或是让消费者更换可送达的收货地址，待包裹退回后，重新发可送达的物流。

综上，如果物流问题处理不及时的话，会直接影响消费者对整个店铺的服务评价。这就需要售后客服有一种换位思考、情感服务的意识。首先，要有正确态度，表达服务意愿，体谅消费者的情感；其次，告诉消费者，在没有收到商品之前，购物款都暂存在第三方平台账户中，让消费者有安全感，并提供解决方案；最后，再根据实际情况进行售后处理。

二、售后退换货问题

（一）商家原因

1. 仓库缺货

如果仓库缺货要及时下架商品，或者告知下单消费者后期商品到货时间，若消费者不愿意等待，可建议消费者取消订单并做退款处理。

2. 发货慢

如果不能在店铺承诺的时间内发货，要及时给消费者留言或电话通知并说明原因，同时联系仓库发货人员尽快安排发货。

3. 未开发票

对于未开发票的情形，商家应根据具体情况进行不同的处理。

1）若消费者已申请发票，而商家未寄出发票，要联系消费者确定补开发票（在交易成功10天内寄出发票），并持续跟进开票进度和物流信息，补开发票的运费由商家承担。

2）如商家确实存在未按时完成开票或不符合纸质发票寄送时效要求的，商家需向消费者支付违约金。

3）商家开票成功前，若消费者已发起退款、退货退款或换货的，不支持前述赔付，消费者发起赔付申请的，由买卖双方自行协商处理。

4）在与消费者再次协商发票开具时间时，商家最迟应在30天内为消费者开具并寄出（如有约定，以双方约定时间开始计算；如无约定，按消费者首次提出开票时间开始计算）。

5）如商家在另行约定时间内，超过30天后仍无法履约补寄发票的，消费者有权申请退款（需扣除先前赔付的10%），商品由商家自行联系消费者取回，将按照《京东开放平台商家违规积分管理规则》中的违规承诺处理。

4. 商品质量问题

在消费者反馈商品有质量问题时，客服需要核实商品是否存在质量问题，如商品确实有质量问题，需向消费者进行道歉并主动提出退款等解决方案。如质量问题不影响使用，询问消费者是否接受补偿，如果不接受补偿，则安排退换，退换货费用由商家承担。

5. 少货、错货

如果消费者反馈商品少发或错发，首先要让消费者提供少货、错货证明，其次要联系物流公司进行重量核实，确定是否为少发货或错发货，最后再联系消费者问题解决方案。如果消费者同意补发，则安排重新发货；如果消费者不同意，则请消费者申请退款或商品退货，运费由商家承担。

（二）消费者原因

1. 个人不喜欢

如果消费者购买后不喜欢商品而想退货，经协商，商家同意退货后，按后台退货流程正常退货即可。若是包邮商品，消费者应承担寄回运费；若是非包邮商品，消费者要承担发货及退货运费。

2. 拍错货

消费者由于个人原因，在购物的时候没有看清商品详情会出现拍错货的情况，经与商家协商可以退货后，消费者可以按后台流程退货。若是包邮商品，消费者承担寄回运费；若是非包邮商品，消费者承担发货及退货运费。

3. 商品损坏

在商品送达消费者手中，由于消费者使用不当造成商品损坏而提出退货的，经与商家协商确认，消费者需赔付商品相应折损金额。若是包邮商品，消费者承担寄回运费；若是非包邮商品，消费者承担发货及退货运费。

(三) 退换货流程

1. 商家退换货流程

如果消费者购买的货物含有运费险,当消费者发起退换货申请且卖家同意退换货后,通过物流将货物寄回卖家,卖家收货并完成退换货操作后即触发运费险理赔申请,初审时间为 24 小时,审核通过后理赔款将原路返回,理赔款预计 5 个工作日到账(以实际到账时间为准)。

1)交易成功后,消费者就商品问题提出退、换、修售后申请,商家应在 2 小时内(每天 9:00—21:00)对消费者提交的售后服务单进行审核,并如实填写审核意见及要求。

2)如消费者寄回商品受到物流限制的,商家需要协助消费者取回商品。

3)商家收到消费者退回的商品后,且同意了消费者退货退款要求,审核过程中如需要扣除消费者款项进行退款,如扣除商品部分款、扣除运费等,应征得消费者的同意。

4)商家收到消费者退回的商品后,应在 48 小时内对服务订单进行处理,处理结果包括退款、换新、原返、线下换新等,不得在未经消费者同意后无故驳回或变更处理结果。

以京东为例,退换货流程如图 7-2、图 7-3 所示。

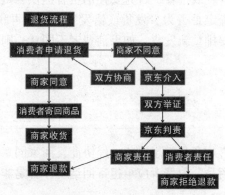

图 7-2 退货流程

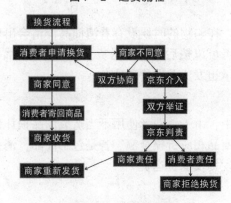

图 7-3 换货流程

2. 消费者退换货流程

1）以京东为例，在手机上打开京东 App，在"我的"页面选择"我的订单"选项，如图 7－4 所示。

图 7－4 "我的"页面

2）找到退换货订单，单击"退换/售后"按钮，如图7-5所示。

图7-5 订单页面

3）进入"售后申请"页面，找到要退换货的订单，单击订单右下角的"申请售后"按钮，如图7-6所示。

图7-6 售后申请页面

4)进入"选择售后类型"页面后,根据后台提示,选择"退货"或"换货"选项,如图7-7所示。

5)在退换货时需要提交退换货申请原因,如图7-8所示。

图7-7 选择售后类型页面　　　　图7-8 选择申请退换货原因

6)确认退换货后还需要选择货物返回方式,如图7-9所示。

7)"申请原因"和"返回方式"勾选完之后,单击"提交"按钮,退款会根据支付路径原路返还,如图7-10所示,最后单击"确定"按钮完成退换货操作。

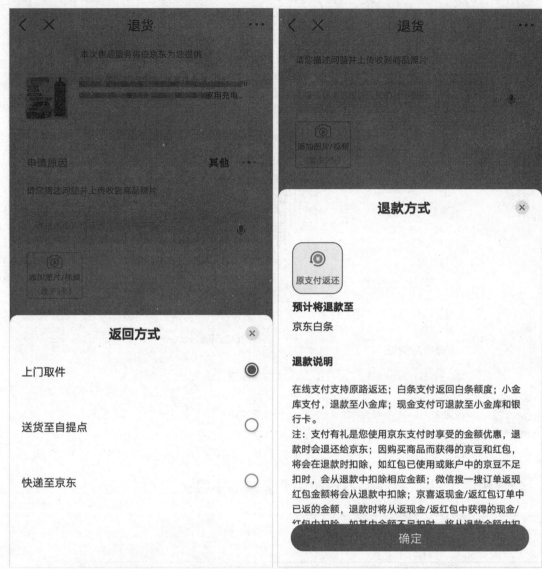

图7-9　退换货返回方式　　　　图7-10　退换货结束页面

三、消费者投诉

（一）对客服服务态度的投诉

处理类似的消费者投诉，需将重点放在消费者的情绪上，不要与消费者在具体细节上纠缠。售后客服人员应认真、诚恳、耐心地倾听消费者的陈述，并及时向消费者表示道歉，以缓解消费者的不满情绪。如果消费者的情绪比较激动，可以适当引导其把事情的来龙去脉说清楚。在倾听过程中，售后客服人员要认真做好记录，待消费者说完后，如果消费者投诉的问题在自己的职权和责任范围内，就迅速向消费者提出解决方法；如果消费者投诉的问题超出了自己的职权和责任范围，则应该诚恳地向消费者表示其投诉的问题一定能得到认真、妥善处理，然后迅速向上级反映并跟进，直至问题妥善解决。最后，售后客服人员要对消费者的投诉和批评表示真诚地感谢。

（二）对物流服务的投诉

1. 物流服务常见问题

消费者遇到的物流问题主要包括运单号无效、收货地址不正确、海关扣押、包裹退回、未按照约定方式发货等。

运单号无效的出现有两种可能性。第一种，未通过安检，遇到这种情况，售后客服要使用第三方物流软件查询，及时确认问题，及早地把情况告知消费者并与消费者沟通解决方案；第二种，单号错误，售后客服需要及时确认并修改成有效单号。

收货地址不正确很可能是消费者的原因，针对这种情况，售后客服需要及时与消费者联系。如果联系不上可以暂不发货，如因此被判定为"成交不卖"的状况，售后客服可以通过致电电商平台的客服进行申诉。

有时商家为节约成本，会把与消费者约定好的EMS或者商业物流改成小包，或者为节省时间，由EMS改为DHL，这些都可能造成包裹丢失、延迟到货、扣关、支付关税等问题，从而导致消费者投诉。针对这种情况，商家要按照约定方式发货，若不得不改变物流方式，售后客服需要及时与消费者联系，在消费者同意的情况下，变更物流公司或物流方式。

最为常见的情况就是物流公司官方网站显示商家已将包裹寄出，但消费者迟迟未收到货物，售后客服可以与消费者商议重新发货。如果发生重新发货后引起纠纷，售后客服需要提供证据证明消费者同意重新发货而且愿意等待，若无法提供，承诺运送时间，系统将不会重新计算。

针对物流问题，在售前消费者询问时，要主动向消费者介绍物流的时效，尽量让消费者选择适合的物流方式，减少物流方面的投诉。另外，适当设置"承诺运达时间"，保留好与消费者的聊天记录，同时使用第三方软件及时追踪，发现问题及时与消费者协商。

2. 物流投诉问题判责

若买卖双方就配送签收问题产生纠纷，以京东为例，申请京东介入的，京东将根据规范内容进行判定，如商家违反规则或举证内容无效，将判定为商家的责任。

当京东介入判定订单延误是因拣货超时造成的，京东将判定为门店的责任，涉及消费者提出赔付申请的，费用将由商家承担。

消费者签收后商品少赠品，如商家无法举证或证据不足，则判定为商家的责任。消费者要求补发或换货的，商家应自京东判责后24小时内为消费者补发、换货并提供发货快递单号，如消费者无法在48小时内查询到订单的快递公司揽件信息，京东将判定为商家延迟发货且平台有权下架商品。如双方另行协商一致的，以协商时间为准。

判定商家责任时，如消费者要求退款的，商家应在2个工作日（每天9：00—21：00）内为消费者审核处理退款。如商家超时未审核或无理由驳回消费者退款要求的，京东有权对消费者先行赔付。

（三）对商品质量投诉

1. 常见商品质量问题

商品质量问题包括货物本身有瑕疵、货物与消费者期望不同、货物使用过程出现问题等。为了避免这些情况，商家需要在发货前仔细检查货物。如果发生此类情况，售后客服要及时与消费者协商退款金额，并做好售后服务工作。商家要严把质量关，对于店铺内投诉率较高的商品要及时下架，避免持续销售影响店铺声誉。

2. 商品质量问题判责

以京东为例，买卖双方申请京东介入后，在纠纷处理过程中，京东有权要求消费者和商家提供证据，且有权以普通非专业人士的知识水平和能力对相关证据材料进行鉴别和认定。针对申请京东介入、京东受理的各类型纠纷所需提供的证明文件，以京东要求及各类纠纷处理规则的内容为准。京东作为独立第三方，仅对双方提交的证据进行审查，并作出独立判断，买卖双方应自行对证据的真实性、完整性、准确性和及时性负责，并承担不能举证的后果。

（四）售后评价管理

评价指消费者在订单交易完成后，对交易的订单进行公正、客观、真实的评述，为其他消费者在购物决策和商家经营决策时提供参考。以京东为例，评价包括消费者对交易订单中的商品评价、服务评价和消费者（或商家）的回复内容。

1. 评价的重要性

京东评价会呈现在商品详情页中，为后续购买商品的消费者提供参考，评价中的内容会对商品的转化率产生非常重要的影响。消费者对商家的服务评分还会对商品的质量评分和店铺评分造成很大的影响。商品的好评率会成为电商参与京东官方活动的硬性指标，好评率低于90%的商品，无法参加很多京东官方活动。

2. 评价的时效性

在订单完成后60日内提交商品初次评价，在90日内提交服务评价，在180日内提交商品追加评价。

3. 评价原则

交易双方发布评价应当客观、真实、合法，且与交易的商品或服务具有关联性，不得利用评价侵害相关方的合法权益。

4. 评价及回复内容要求

买卖双方发布的评价内容、晒图和回复中不得出现法律法规、平台规则不允许的内容，包括但不限于：涉及违反宪法、广告法或其他法律法规要求的内容；涉及政治、淫秽色情、暴力、反政府言论、赌博、毒品等内容；辱骂或污言秽语；泄露他人隐私；非京东商品、商家信息，如店铺、商品链接、联系信息等；图片非本商品且图片不清晰的；店铺链接、二维码等广告宣传信息；未经他人同意，涉及使用他人图片并编辑后发布的；以物质或金钱承诺为条件鼓励、引导消费者进行"好评"的营销内容，如全五星返现、好评返现、好评免单、好评返红包、好评返优惠券等。

5. 评价的维护与管理

(1) 中差评处理。

对于中差评的处理,要以"您好"为开头进行回复,结尾使用"感谢您的支持,祝您购物愉快",中间内容为针对该评价的回复,回复时使用敬语,不要出现引起消费者不满的字词。

对于消费者的中差评问题,要指定专人与消费者沟通,听取消费者的真实反馈,协助消费者解决商品问题,必要时可引导消费者办理退换货,或者送给消费者一些赠品,平息消费者的不满,并改善此方面的服务。在取得消费者的谅解后,可请消费者进行补充评价,但绝对不能强迫消费者追评,也不可以骚扰消费者,否则被消费者投诉后,会受到平台更严重的处罚。

示例

1. 消费者评价:物流特别得慢。

商家可回复:您好!非常抱歉给您带来了不便,感谢您的评价,我们会继续努力完善物流服务,感谢您的支持,祝您购物愉快!

2. 消费者评价:发错货了。

售后客服可回复:您好!非常抱歉给您带来了不便,感谢您的评价,重新发的货已经在路上了,收到货之后有任何问题随时与我们联系,感谢您的支持,祝您购物愉快!

(2) 好评处理。

对于好评的回复也要以"您好"为开头,表达对消费者的感谢,维护消费者对店铺、商品、客服良好的印象,引导下次消费。

示例

1. 消费者评价:商品用得很好,非常喜欢。

售后客服可回复:您好,感谢您的支持和关注!如果您在使用中有任何疑问,可随时与我们联系,我们将竭诚为您服务,欢迎下次光临!

2. 消费者评价:客服态度很好,商品也不错!

售后客服可回复:您好,非常感谢您!您的评价就是我们前进的动力,如果您在使用中有任何问题,可随时联系我们,感谢您的支持,欢迎下次光临!

售后服务代表一次交易的最后过程,换个角度,实际也是下一次订单的开始。因为售后服务做得到位,消费者的问题解决了,购物体验会更好,也更容易记住商家,当再次有购物需求时,也容易再次光临。良好的售后服务是消费者对品牌及店铺价值认可的重要因素,某些商家销售商品时很注重服务和态度,但出现售后退换货或纠纷时,商家往往不理会,造成消费者对店铺和商品的认可荡然无存。一个商家或一个品牌,若想赢得消费者的心,必然要重视售后服务。

优质的售后服务可以提升消费者购物体验、提升企业形象。在商品同质化日益严重的市场下,电商企业之间除了比谁的商品好,更多的是看谁对消费者更用心。从细节入手,从消费者需求出发，谁能提供更好的服务，谁就有可能赢得消费者的心。反之，如果消费者不满意，直接的影响就是店铺的负面评价增加，店铺评分的降低等。

售后工作不仅仅是服务消费者，更主要的是在为整个企业形象的提升做支撑。售后部门对售后信息数据的整合，如消费者评价中反馈出某款商品掉色严重，那么售后部门就应该把信息反馈到商品部门，商品部门采取相应的措施改善此情况。所以，售后也是整个店铺的监督者，利用数据反映的信息进行调整，提升整个店铺的业务水平。

课堂思政

电商客服是社会服务的一部分，遵守职业道德，以好的职业素养服务用户是电商人才的基本素养，也是培养优质人才的前提。

项目总结

在电商团队里，客服扮演的角色其实是"救火队员"，能最先了解到消费者的需求，所收到的信息大多是消费者对商品的反馈，是真正了解业务和商品的团队。优质的客户服务往往能够创造新的价值。

曾有人说"运营经理都应该先去客服岗位历练一段时间"，这话不无道理。因为真正面向一线消费者的是客服人员，管理者只有通过客服岗位了解消费者的需求，才能做好视觉、交互、设计等工作，才能做出正确的决策，确保店铺能够迎合消费者的需求。

效果评价

一、填空题

1. 客服的专业素养有（　　）、（　　）、（　　）、（　　）。
2. 竞品学习主要学习（　　）、（　　）、（　　）、（　　）。
3. 小辉买了一件包邮的外套，发现尺码买小了，退货运费应该由（　　）承担。
4. 售后投诉类型有（　　）、（　　）、（　　）、（　　）。

二、选择题

1. 以下哪个选项不是客服的考核标准？（　　）
   A. 打字速度
   B. DSR 评分
   C. 平均响应时长
   D. 客户建议及时传递

2. 以下哪个选项不属于客服的沟通技巧？（　　）

A. 招呼技巧

B. 询问技巧

C. 议价技巧

D. 回复技巧

3. 以下哪个选项属于商家原因导致的退换货？（　　）

A. 发货慢

B. 拍错货

C. 商品损坏

D. 个人不喜欢

三、简答题

1. 客服的职业素养是什么？
2. 售前客服应该掌握什么技能？
3. 试述评价管理的重要性。

项目八

电子商务物流管理

情景描述

随着电商行业的快速发展,传统的记账方式、出入库管理、人工盘点等环节严重影响了仓储部门的运转,自动化高效一站式物资供应中心应运而生。它对仓库的到货检验、入库、出库、调拨、调整库位、库存盘点等各个作业环节的数据进行采集使用,保证仓储管理各个作业环节的效率和准确性,确保电商及时、准确地掌握库存真实数据,合理保持和控制库存。在条形码技术日益成熟下,通过科学的编码,还能方便地对物资的批次、使用状况等进行管理,从而提高了仓储管理的效率。

思考:
1. 电商企业应通过什么方式提高仓储管理效率?
2. 条形码技术的使用给电商企业带来了哪些好处?

任务一 电商物流的仓储

任务描述

随着电商行业竞争的不断加剧,物流和仓储也成为影响电商服务效果的一个重要因素,下面将系统介绍有关电商物流的知识。

项目八 电子商务物流管理

> **相关知识**

物流是指商品从供应地到接收地的实体流动过程,根据实际需要将运输、储存、装卸、搬运、包装、流通加工、配送、回收、信息处理等基本功能进行有机结合。物流服务水平的好坏直接影响消费者对商家评价的高低,物流环节在电商全流程中也占有举足轻重的位置。

一、仓库的种类与设施

仓库是保管、储存物资的建筑物和场所的总称,如库房、货棚、货场等,是用来存放物资(包括商品、生产资料、工具或其他财产),并对其数量和状态进行保管的场所或建筑物等设施,还包括用于减少或防止物资损伤而进行作业的土地或水面。图 8-1 所示为某厂的仓库实景。

图 8-1 仓库实景

(一) 仓库的种类

电商物流管理力求进货与发货同期化,使仓库管理从静态管理转变为动态管理,仓库功能也随之发生改变。仓库按功能的不同可分为集货仓库、分货仓库、转运仓库、加工仓库、储调仓库、配送仓库、物流仓库等。

(二) 仓库的设施

仓库设施主要包括主体建筑、辅助建筑、辅助设施三部分。主体建筑主要包括库房、货棚、露天货场;辅助建筑主要包括办公室、车库、修理间、休息间、工具储存间等;辅助设施主要包括通风设施、照明设施、取暖设施、提升设施(电梯等)、地磅及避雷设施等。

(三) 仓库的发展特征

随着物流技术的快速发展，仓库的发展主要伴随有以下几方面特征。

1）自动化仓库的类型向多品种发展，如低温自动化立体仓库、防爆型自动化仓库等。
2）巷道堆垛起重机、高速轨道式输送台车、滑块式分拣输送机、自动搬运车等先进、高效、柔性的出入库输送设备及相关系统不断出现。
3）条形码技术和自动识别技术大大提高了仓库设备及其系统的自动化、高速化效率。
4）仓储软件及其相关的运输软件、销售软件、采购软件等的需求量激增，并与企业的制造资源计划（MRP II）、企业资源计划（ERP）相连接，成为一个有机的整体。
5）随着用户的多样性增加，仓库形式也更具多样性。

二、仓库的选址

仓库选址是在一个具有若干供应点及需求点的经济区域内选择一个地址设置成仓库的规划过程。仓库的选址是仓库规划中至关重要的一步，仓库位置直接影响货物流转速度和流通费用，关系到企业对消费者的服务水平和服务质量，进而影响企业的利润。

（一）仓库选址的原则

仓库选址主要包含以下四个原则。
1）适应性原则。
仓库选址须与国家及省、市的经济发展方针、政策相适应，与国家物流资源分布和需求分布相适应，与国民经济和社会发展相适应。
2）协调性原则。
仓库选址应将国家的物流网络作为一个大系统来考虑，使仓库的设施设备在地域分布、作业生产力、技术水平等方面相协调。
3）经济性原则。
在仓库发展过程中，有关选址的费用主要包括建设费用及物流费用（经营费用）两部分。仓库的选址是在市区、近郊区还是远郊区，会导致未来仓储辅助设施的建设规模、建设费用以及运费等物流费用的不同，选址时应以最低总费用作为仓库选址的经济性原则。
4）战略性原则。
仓库的选址应具有战略眼光：一要考虑全局；二要考虑长远。要做到局部服从全局，眼前利益服从长远利益，既要考虑目前的实际需要，又要考虑日后发展的趋势。

（二）仓库选址的考虑因素

仓库选址主要考虑自然环境、经营环境、基础设施状况和其他因素，详见表8-1。

表 8-1　仓库选址考虑的因素

宏观因素	微观因素	要求与说明
自然环境	气象条件	主要考虑年降水量、空气湿度、风力、无霜期长短、冻土厚度等
	地质条件	主要考虑土壤的承载能力。仓库是大宗物资的集结地，物资会对地面形成较大的压力，如果地下存在淤泥层、流沙层、松土层等不良地质环境，则不适宜建设仓库
	水文条件	需远离容易泛滥的大河流域和上溢的地下水区域，地下水位不能过高，河道及干河滩也不可选为仓库地址
	地形条件	仓库宜建在地势高、地形平坦的地方，尽量避开山区及陡坡地区，最好选择长方形地块
经营环境	政策环境背景	选择建设仓库的行政区是否有优惠的物流产业政策，是否对物流产业进行扶持？这将对物流业的效益产生直接影响，当地劳动力素质的高低也是需要重点考虑的因素
	物资特性	不同物资类型的仓库应该分布在不同地域，如生产型仓库的选址应当与产业结构、商品结构、工业布局结合进行考虑
	物流费用	仓库应该尽量建在接近物流服务需求地，如大型工业、商业区，以便缩短运输距离，降低运费等
	物流服务水平	物流服务水平是影响物流产业效益的重要指标之一，所以在选择仓库地址时，要考虑是否能及时送达，以便保证客户向仓库提出需求时都能获得满意的服务
基础设施状况	交通条件	交通必须便利，最好靠近交通枢纽，如港口、车站、交通主干道、铁路编组站、机场等，应有两种以上运输方式相衔接
	公共设施状况	要求城市道路畅通，通信发达，有充足的水、电、气、热的供应，有污水和垃圾处理能力
其他因素	国土资源利用	仓库的建设应充分利用土地，节约用地，充分考虑地价，还要兼顾区域与城市的发展规划
	环境保护要求	要保护自然与人文环境，尽可能减少对城市生活的干扰，不影响城市交通，不破坏城市生态环境
	地区周边状况	仓库周边不得有火源，不能靠近住宅区；仓库周边地区的经济发展情况是否对物流产业有促进作用

三、仓储布局

(一) 仓库的平面规划

1. 仓库的总体平面规划

(1) 仓库总体平面规划的原则。

1) 遵守国家环境保护的有关规范、规定和要求,最大限度地减少对周围环境的影响和污染,仓库设计满足吸尘、防尘、降噪和美化的要求。

2) 符合城市用地整体规划的要求,满足仓库物资运输要求,以及未来业务发展规划的要求,实现平衡与可持续发展。

3) 平面布置应严格遵守本区域的总体规划布局,在项目红线范围内,结合规划道路,充分利用土地资源,同时协调好本工程总体布局与市政基础设施、地区规划布局之间的关系。

4) 合理组织场内交通,保证区域内车辆运输安全、快捷、高效。

5) 平面布置按功能合理分区,符合分区域隔离及便于储存、监管、查验的要求;符合分期建设、留有余地、可扩展、滚动开发的要求。

6) 仓库设计结构轻盈、美观,符合装卸快、运输安全的要求。

7) 为使仓库高效地运转,仓储中心的车辆运行方向、装卸作业方向必须单一,运距最短,而且装卸环节最少,实现人车分离。

8) 仓库的空间利用最大化。

9) 运用系统化的思想,把整个仓库的各功能模块视为系统的一部分,把各作业环节视为供应链的内容之一。

10) 仓库建设符合高效率和低成本原则,为储存规模的进一步扩大留下余地,为自动化系统的实现留下余地。

(2) 仓库总体平面划分。

现代仓库总体平面规划一般分为生产作业区、辅助作业区、行政生活区三部分。为适应仓储物资快速周转的需要,在总体规划布置时应适当增大生产作业区中收发货作业区面积和检验区面积。

1) 生产作业区:它是现代仓库的主体部分,是物资储存的主要活动场所,包括储货区、道路和装卸平台等。储货区是储存、收发、整理物资的场所,由保管区和非保管区两大部分组成。保管区是用于储存物资的区域,非保管区主要包括各种装卸设备通道、待检区、收发作业区和集结区等。各组成部分的构成比例通常为:合格品储存区面积占总面积的40%~50%,通道占总面积的8%~12%,待检区及出入库收发作业区占总面积的20%~30%,集结区占总面积的10%~15%,待处理区及不合格品隔离区占总面积的5%~10%。

2) 辅助作业区:这包括为仓储业务提供各项服务的设备维修车间、车库、工具设备库、油库和变电室等。需要特别指出的是,油库应当远离维修车间、宿舍等易出现明火的场所,周围需配备相应的消防设施。

3) 行政生活区:它是行政管理机构办公场所和职工生活的区域,包括办公楼、警卫室、化验室、宿舍和食堂等。为便于业务接洽和管理，行政管理机构设在仓库的主要出入口，并与生产作业区用隔墙分开，这样既方便工作人员与作业区的联系，又避免非作业人员对仓库生产作业的影响和干扰。宿舍一般应与生产作业区保持一定距离，以保证仓库的安全和生活区的安宁。

2. 仓库作业功能区域规划

根据仓储中心的业务要求，结合将来的业务发展，仓储中心必须满足以下几个方面的作业需求。

1）进出方便，包括车辆进场、卸货、清点、验收等。
2）储存保管，包括入库、调拨、补货、理货等。
3）分拣，包括订单分拣、货物分类、集货等。
4）出货，包括流通加工、质检、出货清点验收、出货装载等。
5）运输，包括车辆调度、路线安排、车辆运输、物资交付等。
6）仓储管理，包括盘点、临期物资处理、移仓与储位调整等。
7）逆向物流，包括退货、卸载、清点验收、责任确认、报废品处理、换货补货等。
8）物流后勤，包括车辆货物出入管理、装卸车辆停放管理、包装中转容器回收、暂存、废弃物回收处理。

因此，仓储中心功能分区应当包括进货区、储存区、中转区、分拣区、流通加工区、仓库管理区、出货区等。

（二）仓库货区布局

仓库货区布局是根据仓库场地条件、业务性质和规模、物资储存要求、技术设备的性能以及使用特点等因素，对仓库各组成部分，如存货区、理货区、备货区、通道及辅助作业区等，在规定的范围内进行平面和立体的合理安排布置，最大限度地提高仓库的储存能力和作业能力，并降低各项仓储作业费用。仓库的货区布局和规划是仓储业务和仓库管理的客观需要，其合理与否直接影响各项工作的效率和储存物资的安全。因此，在建设新仓库时要重视货区的合理布置，随着技术的进步和作业情况的变化，也应当重视对老仓库布局进行改造。

1. 货区布置的基本思路

1）根据货物特性分区、分类储存，将特性相近的物资集中存放。
2）将单位体积大、单位质量大的物资存放在货架底层，并靠近出库区和通道的位置。
3）将周转率高的物资存放在进出库装卸搬运最便捷的位置。
4）将同一供应商或同一客户的物资集中存放，以便进行分拣、配货作业。

2. 货区布局的形式

货区的布局分为平面布局和空间布局。

1）平面布局是对货区内的货垛、通道、垛间距、收发货区等进行合理的规划，并正确处理它们的相对位置。
2）空间布局是指库存物资在仓库立体空间上的布局，其目的在于充分、有效地利用仓库空间。空间布局的主要形式有就地堆码、上架存放、空中悬挂等。

3. 仓库内非保管场所布置

仓库内的非保管场所包括通道、墙间距、收发货区、库内办公地点等。

4. 仓储管理案例分析——ABC 分类法

在仓储管理中有一种运用十分广泛的货物分类方法,即 ABC 分类法。1879 年,意大利经济学家帕累托研究发现:20% 的人拥有 80% 的社会财富,而 80% 的人仅拥有 20% 的社会财富。这种"关键的少数和次要的多数"理论逐渐被应用到经济学和社会学中,被称为"帕累托原则",也叫作"二八原理"或者"80/20 法则"。1951 年美国通用公司经理戴克将这一规律运用到库存管理中,于是就诞生了 ABC 分类法。

ABC 分类法就是将货物按照一定的特征,如货物价值、商品销量、销售额等进行分类排序,将分析对象分为 A、B、C 三类,从而进行有区别的管理方式。主要方法是:根据物品数量占总量比例和该物品占总库存资金的比例进行物品的分类,如表 8-2 所示。

表 8-2 ABC 分类法

分类	占总库存品种百分比/%	占库存总金额百分比/%
A 类货物	5~15	60~80
B 类货物	15~25	15~25
C 类货物	60~80	5~15

ABC 分类的一般步骤如下。

1) 计算各种商品的总金额,按照金额大小顺序列出库存商品档次,计算出每一档次商品库存种数及累计数,商品金额及累计值。

2) 计算每一档次商品品种占全部品种的百分比和每一档次商品金额占总金额的百分比。

3) 按照计算结果,根据上述标准将库存商品分为 A、B、C 三类。

4) 根据 ABC 分类的结果,在权衡管理水平和经济效益后对库存商品采用不同的管理方法,如表 8-3 所示。

表 8-3 ABC 分类法库存管理

分类管理	管理重点	订货方式
A 类	尽可能压缩库存,投入较大精力精心管理	小批量多批次,采用定期订货法
B 类	按经营方针及时调节库存水平	采用定期定量订货方式
C 类	投入较少精力,简化库存管理,定期清理库存	集中大批量订货

课中练习

某电商仓库现有如下 10 种商品库存，具体资料如下表。为对这些库存商品进行有效管理，仓库拟按照商品价值的大小进行分类。

（1）请按照 ABC 分类法将这些货物分为 A、B、C 三类。

商品序号	单价/元	库存量/件
1	4	300
2	8	1 200
3	1	290
4	2	140
5	1	270
6	2	150
7	6	40
8	2	700
9	5	50
10	3	2 000

（2）请给出 A 类货物的管理方法。

任务二　仓储信息系统的管理

任务描述

仓储信息的准确性、及时性直接影响物流速度，进而影响客户对商家的整体印象。随着电商业务的不断发展，人们对物流时效、物流水平都有了更高的要求。那么，在仓储物流上都有哪些方法能够提高电商物流管理水平呢？

相关知识

随着我国社会经济的快速发展，产业结构、技术结构调整的进一步深入，国家确立了通过信息化建设推动工业化，通过工业化来带动信息化，从而进行产业结构优化和升级。随着产业结构的调整、信息化建设的推进，智能存储技术迅猛发展且日趋成熟。仓储信息系统成为企业信息化建设中不可或缺的一部分。

一、条形码技术

条形码技术是随计算机与信息技术的发展和应用而诞生的,它是集编码、印刷、识别、数据采集和处理于一身的自动化识别技术。条形码是指将宽度不等的多个黑条和空白按照一定的编码规则排列,用以表达一组信息的图形标识符。

由于条形码可以标出物资的生产国、制造厂家、名称、生产日期等许多信息,在物流管理领域得到了广泛的应用。

(一) 条形码的种类

组成条形码的条和空有不同的组合方法,从而构成不同的图形符号,即各种符号体系,也称码制。按码制对条形码分类可分为 UPC 码、EAN 码、39 码、93 码、基本 25 码、交叉 25 码、矩阵 25 码、库德巴码、128 码、49 码、11 码等。以常见的 EAN-13 码为例,它由 13 位数字组成,其中 1—3 位对应国家代码,4—7 位代表厂商代码,由国家进行分配,8—12 位代表商品代码,由厂商自定义设置,第 13 位是校验码,如图 8-2 所示。

图 8-2 EAN-13 码

(二) 条形码技术的特点

条形码技术有以下一些特点。

1) 输入速度快。普通计算机键盘录入速度是 200 字符/分钟,而利用条形码扫描录入信息的速度是键盘录入的 20 倍。

2) 可靠性高。键盘录入数据,误码率为三百分之一;利用光学字符识别技术,误码率约为万分之一;而采用条形码扫描录入方式,误码率仅为百万分之一,首读正确率可达 98% 以上。

3) 采集信息量大。利用条形码扫描,可以依次采集几十位字符的信息,而且可以通过选择不同码制的条形码增加字符密度,使采集的信息量成倍增加。

4) 灵活实用。条形码符号作为一种识别手段,可以单独使用,也可以和有关设备组成识别系统实现自动化识别,还可以和其他控制设备联系起来实现整个系统的自动化管理;同时,在没有自动识别设备时,也可以实现手工键盘输入。

(三) 条形码技术在仓储管理中的应用

条形码技术在仓储管理过程中的运用主要体现在入库验收、仓库盘点、出库过程三个环节。

二、无线通信技术

仓储管理中的无线通信技术种类比较多,有全球卫星定位系统、射频识别技术、便携式数据终端、地理信息系统等,其中,前三者为使用最频繁的三种技术。

(一)全球卫星定位系统

全球卫星定位系统(Global Positioning System,GPS),美国于20世纪70年代开始研制,历时20年耗资200亿美元,于1994年3月完成整体部署,实现全天候、高精度和全球化覆盖。GPS是以空中卫星为基础的高精度无线电导航、定位系统,具有全球性、全天候、连续性、定时性等特点,是具有海、陆、空全方位实时三维导航和定位能力的新一代卫星导航与定位系统。与现代通信技术相结合后,GPS测定地球表面三维坐标从静态发展到动态,从数据后处理发展到实时的定位与导航,极大地扩展了应用广度和深度。

1. GPS 系统

GPS系统包括三大部分:空间部分——GPS卫星星座,地面监控部分——地面监控系统,用户部分——GPS信号接收机,如图8-3所示。

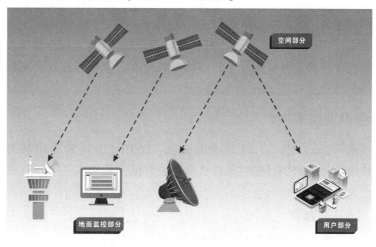

图 8-3　GPS 系统构成

2. GPS 的特点

GPS 主要有全球全天候定位、定位精度高、观测时间短、仪器操作简便等特点。

3. GPS 在仓储管理中的运用

在仓储管理过程中,对物资仓储、装卸、配送等各个环节所涉及的问题,如合理装卸策略、运输车辆的调度和配送路线的选择,都可以运用GPS,GPS有助于仓储企业有效利用现有资源、降低消耗、提高效率。

课堂思政

中国北斗卫星导航系统（BeiDou Navigation Satellite System，BDS）是我国自行研制的全球卫星导航系统，是继美国 GPS、俄罗斯 GLONASS 之后第三个成熟的卫星导航系统。中国北斗卫星导航系统（BDS）和美国的 GPS、俄罗斯的 GLONASS、欧盟的 GALILEO 是联合国卫星导航委员会已认定的全球卫星导航系统供应商。

北斗卫星导航系统由空间端、地面端和用户端三部分组成，可在全球范围内全天候、全天时为各类用户提供高精度定位、导航、授时服务，并且具备短报文通信能力，已经初步具备区域导航、定位和授时能力，定位精度为分米、厘米级别，测速精度 0.2 米/秒，授时精度 10 纳/秒。

提起定位导航，很多人会想到 GPS。曾经在很长一段时间内，全球所采用的导航系统都是 GPS 全球定位系统，美国的 GPS 形成"独霸天下"的格局。世界各航天大国都逐渐意识到，发展自主的卫星导航系统，不仅是航天实力的重要组成部分，更是国家战略的重要一环。有人会问，不是有了 GPS 吗？为啥还要发展北斗？道理很简单——能够自主找到方向，是一件特别重要的事，这样就不会被别人牵着鼻子走；在关键时刻，也不会被人蒙上眼睛。

由此可以看出，"科技兴则民族兴，科技强则国家强。"建成一个富强民主文明和谐美丽的社会主义现代化强国，科技是贯穿始终的不竭动力。只有科技实力发展，才能更好助力国家发展和社会进步。

（二）射频识别技术

射频识别技术（Radio Frequency Identification，RFID）是一种非接触式的自动识别技术。它通过射频信号自动识别目标对象并获取相关数据，无须人工干预，可在各种恶劣环境下工作。

1. 射频识别系统的组成

射频识别系统主要由电子标签、天线和阅读器三部分组成。

（1）电子标签。

电子标签由耦合元件及芯片组成，每个标签具有唯一的电子编码，无法修改、无法仿造，保证了安全性。电子标签可用来标识目标对象，保存约定格式的电子数据。在实际应用中，电子标签附着在待识别物体的表面。

（2）天线。

天线在标签和阅读器间传递射频信号，即标签的数据信息。

（3）阅读器。

阅读器是读取（有时还可以写入）标签信息的设备，可设计为手持式或固定式。阅读器可无接触地读取并识别电子标签中所保存的电子数据，从而达到自动识别物体的目的。将阅读器与计算机相连，所读取的标签信息被传送到计算机上，便于进行下一步处理。

2. 射频识别技术的工作原理

电子标签进入电磁场后，接收阅读器发出的射频信号，凭借感应电流所获得的能量发送出存储在芯片中的商品信息（也叫无源标签或者被动标签），或主动发送某一频率的信号（也叫有源标签或主动标签）至中央信息系统进行有关数据处理。

3. 射频识别技术的特点

（1）数据可写。

只要通过RFID，不需要接触就能直接读取信息并存储至数据库内，而且可以一次处理多个标签，并可将当前物流处理的状态写入标签，供下一阶段读取判断所用。与条形码等各种纸质媒体的自动识别方法相比，RFID可不限次数地新增、修改、删除卷标内存储的数据。

（2）形状的小型化和多样化。

现在市场上微型RFID芯片的厚度仅有0.1mm，面积为$0.16mm^2$，薄到可以隐藏在各种物体里面。

（3）适用范围广。

RFID对油渍、灰尘等恶劣环境有较强的适应性，即使在黑暗或脏污的环境中也可以读取数据。

（4）可重复使用。

由于RFID为电子数据，可以被反复覆写，因此电子标签可以被重复使用。

（5）穿透性。

即使被纸张、木材和塑料等非金属或非透明的材料包覆，RFID也可以进行穿透性通信。但如果被铁质材料包覆，RFID将无法进行通信。

（6）数据的存储量大。

数据容量会随着存储规格的发展而扩大，尤其是目前物资所需携带的数据量越来越大，对卷标所能扩充容量的需求也有所增加。RFID不像条形码那样受到容量限制。一维条形码的信息存储容量是50字节；数据容量最大的二维条形码，最多也只能存储2 729个数字，若包含字母，存储量则会更少。而RFID的最大容量可达数兆字节。

4. 射频识别技术在仓储管理中的应用

在射频识别库存跟踪系统中，将RFID标签贴在托盘、包装箱或元器件上，可进行规格、序列号等信息的自动存储和传递。RFID标签能将信息传递给10英尺（3.048米）范围内的射频读卡机，不再需要使用手持条形码阅读器对元器件进行逐个扫描，在一定程度上减少了误差，并大幅提高了工作效率。

（1）收货环节。

调查显示，在传统的作业环境下（即完全手工盘点或根据条形码进行盘点），收货流程将耗费大量的人力和时间，而且容易出错。当出现差错时，相关工作人员需要重新对货物进行盘点。如果物资种类繁多、多种物资同时收发，问题将更加复杂。使用RFID标签后，将省去以上所有盘点动作，物资种类和数量均被自动检查。IBM公司的一项报告指出，RFID标签可将物资盘点时间减少60%~93%。

（2）拣货环节。

拣货环节是仓储管理中一个极其消耗人力的过程，而且很容易造成人为错误。调查显示，传统手工作业环境下，拣货需要占用50%的工作人员，同时还要下游工作人员再次确认，在增加人工成本的同时，并不能保证效率和准确性。采用RFID技术后，企业可建立实时的仓储管理系统,并使用 RFID 技术快速、准确地采集物流数据,拣货流程的劳动力一般可以降低 36% 左右。许多仓储企业在采用 RFID 技术后,拣货的过程就是依据拣货单到达拣货地点,扫描商品的统一编码或位置编码,并把相关的商品与主托盘(集装箱或货车等)关联起来,整个流程的自动化水平明显提高。

(3) 运输环节。

运输环节一般包括出货验证和出货通知两个子流程,这对许多消费品类配送中心来说是一件非常头疼的事情,因为绝大多数消费商的配送中心都需要对出货订单进行百分百的验证,然而收货时可能产生的错误、跟单拣货的错误均会给企业带来较高的召回率,进而影响企业的声誉。

通常情况下,检验员需要在出货口花费大量的时间检查托盘上即将运出的货物,甚至可能花费更多的时间找错误的源头。尽管这种耗时的验证非常有必要,也能大幅度提高配送中心的服务水平,但维持这种服务水平是以牺牲物流速度和成本为前提的。如果采用 RFID 标签技术,多数问题便能迎刃而解,检验成本通常会降低 90%;同时,当货物从出货口通过时,阅读器自动收集所有的商品数据,自动生成出货通知,为客户提供实时、准确的信息,有效地提高了运输环节的效率。

(三) 便携式数据终端

便携式数据终端(Portable Data Terminal, PDT),也称便携式数据采集器或手持终端,因其主要用于自动识别条形码,故又称便携式条形码扫描终端。便携式数据终端是集激光扫描、文字显示、数据采集、数据处理、数据通信等功能于一体的高科技商品。它相当于一台小型计算机,将计算机技术与条形码技术结合,兼具掌上电脑、条码阅读器的功能,如图 8-4 所示。

图 8-4 便携式数据终端

1. 便携式数据终端

便携式数据终端由硬件和软件两部分组成。

1)硬件。便携式数据终端的硬件具有计算机设备的基本配置,包括中央处理器(CPU)、内存、电池、各种外设接口。

2)软件。软件具有计算机运行的基本配置,包括操作系统、可编程的开发平台及独立的应用程序,可以将计算机网络的部分程序和数据传至手持终端,并可以脱离计算机网络系统独立进行某项工作。

2. 工作流程

首先按照用户的要求，将应用程序在计算机编写后下载到便携式数据终端中，便携式数据终端中的基本数据信息必须通过个人计算机的数据库获得，而存储的信息也必须及时导入数据库中。

3. 便携式数据终端在仓储管理中的应用

便携式数据终端满足了仓储管理中信息采集、处理的要求。在仓库中使用便携式数据终端，先通过扫描位置标签，将货架号码、商品数量等信息输入 PDT 中，再通过无线数据采集技术把这些数据传送到计算机管理系统，便能得到客户商品清单、发票、发运标签、该地所存商品代码和数量等。这种方法减少了人工采集数据容易导致的错误、遗漏等问题，有效提高了工作效率。

（四）地理信息技术

地理信息系统（Geographic Information System，GIS）又称地学信息系统，它是一种特定的十分重要的空间信息系统，是在计算机硬软件系统支持下，对整个或部分地球表层（包括大气层）空间中的有关地理分布数据进行采集、储存、管理、运算、分析、显示和描述的技术系统。

地理信息系统已逐渐成为一门相当成熟的系统，并且得到了极为广泛的应用。近年来，GIS 更以其强大的地理信息空间分析功能，在 GPS 及路径优化中发挥着越来越重要的作用。

（1）GIS 的功能。

GIS 的功能包括数据采集与编辑功能、属性数据编辑与分析、制图功能和空间数据库管理功能。

（2）GIS 在仓储管理中的应用。

GIS 在仓储管理时主要应用在仓库位置的选择、仓库容量的设置、合理装卸策略、运输路线的选择、运输车辆调度等方面。

三、仓储管理信息系统

仓储管理信息系统（Warehouse Management System，WMS）是用来管理库存内人员、库存数据、工作时间、订单和设备的软件实施工具。随着信息化大潮席卷全球，仓储行业为更好地服务不同类型的客户、占领更大的市场，开始为客户提供库存物资的网络信息服务，仓储管理信息系统也迅速发展起来。

（一）WMS 的构成

仓储管理信息系统主要由入库管理子系统、出库管理子系统、数据管理子系统、系统管理子系统四部分组成。

（1）入库管理子系统。

入库管理子系统包含入库单处理（录入）、条形码管理、物资托盘化和标准化（录入）、货位分配及入库指令发出、货位调整、入库确认、入库单据管理等。

(2) 出库管理子系统。

出库管理子系统包含出库单管理（录入）、拣货单生成、出库指令发出、容错处理、出库确认、出库单据打印等。

(3) 数据管理子系统。

数据管理子系统包含库存管理（货位查询、货位管理、物料编码查询、入库时间查询、盘点管理）、数据管理（物料编码管理、安全库存量管理、供应商数据管理、使用部门管理、未被确认的操作查询和处理、数据库与实际不符记录的查询和处理）等。

(4) 系统管理子系统。

系统管理子系统包含系统管理设置、数据库备份、系统通信管理、系统使用管理等。

（二）WMS 的作用及在我国的应用情况

1. WMS 的作用

1) 为仓库作业全过程提供自动化和全面记录的途径。

2) 实现随机储存，最大限度地利用仓库库容。根据模拟实验，随机储存比定位储存减少 35% 的库存移动时间，增加 30% 的储存空间。

3) 提高发货的质量和准确率，减少货物断档和退货问题，提高顾客满意度。

4) 为仓库所有活动提供即时、准确的信息。

2. WMS 在我国的应用情况

仓储管理系统在我国还处于起步阶段，呈现出二元结构：以跨国公司或国内少数先进企业为代表的高端市场，其应用 WMS 的比例较高，所用系统主要是基本成熟的国外主流品牌；以国内民营企业为代表的中低端市场，主要应用国内开发的 WMS。下文结合物流信息化优秀案例，从应用角度对国内企业的 WMS 概况进行分析。

第一类是基于典型的配送中心业务的应用系统，销售物流中如连锁超市的配送中心，供应物流中如生产企业的零配件加工配送中心。以北京医药股份有限公司的现代物流中心为例，其目标是落实国家有关医药物流的管理和控制标准等，同时优化流程，提高效率。该公司运用的 WMS 系统功能模块包括进货管理、库存管理、订单管理、拣选、复核、配送、RF 终端管理、物资与货位基本信息管理等，通过网络化和数字化方式，提高库内作业控制水平和任务编排，将配送时间缩短 50%，订单处理能力提高一倍以上，还取得了显著的社会效益，成为医药物流领域的样板。此类系统多用于制造业或分销业的供应链管理中，是 WMS 中最常见的一类应用领域。

第二类是以仓储作业技术的整合为主要目标的系统，解决各种自动化设备信息系统之间的整合与优化问题。某钢企第二热轧厂的生产物流信息系统即属于此类，该系统主要解决原材料库（钢坯）、半成品库（粗轧中厚板）与成品库（精轧薄板）之间的协调运行，否则不能保持连续作业，不仅放空生产力，还会浪费能源。该系统的难点在于实现物流系统与轧钢流水线各自动化设备系统的无缝连接，使库存成为流水线的一个环节，也使流水线成为库存操作的一个组成部分。生产线上的各种专用设备均有自己的信息系统，WMS 不仅要整合设备系统，还要整合工艺流程系统，并将其融入企业整体信息化系统中，此类系统涉及的流程相对规范、专业，多出现在大型 ERP 系统中。

第三类是以仓储业的经营决策为重点的应用系统，其鲜明的特点是具有非常灵活的计费系统、准确及时的核算系统和功能完善的客户管理系统，为企业经营提供决策支持信息。华润物流有限公司的润发仓库管理系统就是这样一个案例，此类系统多用在提供公共仓储服务的企业中，其流程管理、仓储作业的技术共性多、特性少，要求不高，适合对多数客户提供通用的服务。该公司采用了一套适合自身特点的 WMS 系统以后，降低了人工成本，提高了仓库利用率，明显提升了经济效益。

WMS 的核心理念是高效的任务执行力和流程规划策略，是建立在成熟的物流理念基础之上的，由高性能的 WMS、高效的管理流程和先进的设备共同组成的仓储管理。WMS 通过不同的功能模块支持企业仓储配送并适应不断变化的商务策略、电子商务、客户需求、现代化设备、订单和结构环境，以提高作业效率与资源利用率，降低物流成本和提高服务水平，实现对大型仓库或配送中心的所有执行过程的有效管理，从而使仓储管理策略处于领先地位，帮助企业打造物流管理的核心竞争力。

1. 多功能化

在电子商务时代，物流向集约化阶段发展，即从传统意义上的仓库向仓配一体化中心转变。仓配一体化中心不仅提供仓储和运输服务，还必须开展配货、配送和其他各种提高附加值的流通加工服务项目，也可按客户的需要提供其他特殊服务，实现仓配服务的多功能化。

2. 服务柔性化

在电子商务环境下，物流企业是介于供货方和购货方之间的第三方，以服务为第一宗旨。随着消费者需求的多样化、个性化，物流需求呈现出小批量、多品种、高频次的特点，订货周期缩短、时间性增强，对物流需求的不确定性提高。服务柔性化就是要以客户的需求为中心，对客户的需求做出快速反应，及时调整物流作业，同时有效控制物流成本。现代物流通过提供客户所期望的服务，在积极追求交易规模扩大的同时，强调实现与竞争对手服务的差异化，努力提高客户满意度。发达国家的物流企业成功的要诀在于他们十分重视对客户服务的研究。

3. 信息化

在电子商务时代，要提供最优秀的服务，物流系统必须要有良好的信息处理和传输系统。物流信息化表现为物流信息的商品化、信息收集的数据库化和代码化、信息处理的电子化和计算机化、信息传递的标准化和及时化，以及信息存储的数字化等。因此，现代信息技术、通信技术以及网络技术被广泛应用于物流信息的处理和传输过程、物流各环节、物流部门与其他相关部门，不同企业的物流信息交换、传递和处理可以突破时间和空间的限制，保持物流与信息流的高度统一，实现对信息的实时处理。

4. 国际化

随着经济全球化的发展，物流也已经实现了全球化。生产企业从不同国家收集所需要的资源，经加工后再向各国输出。全球化战略的趋势使物流企业和生产企业更加紧密地联系在一起，形成了社会化大分工。生产企业集中精力制造商品、降低成本、创造价值，物流企业则集中精力从事物流专业服务，这对物流企业的专业性要求更高，例如进口商品的代理报关业务、暂时储存、搬运和配送、必要的流通加工，实现了从商品进口到送交消费者手中的一条龙服务。跨国经营与国际贸易的发展促进了货物和信息在世界范围内的大量流动和广泛交换，物流国际化成为国际贸易和世界经济发展所要求的必然趋势。

5. 手段现代化

在现代物流活动中，广泛使用了先进的运输、仓储、装卸、搬运、包装以及流通加工等手段。运输手段的大型化、高速化、专用化，装卸搬运机械的自动化、智能化，包装的单元化，仓库的立体化、自动化以及信息传输和处理的计算机化、电子化、网络化等，都为开展现代物流提供了物质保证和技术支撑。

6. 绿色化

发展现代物流必须考虑环境问题，需要从环境角度对物流体系进行优化改进，即需要形成一个环境共生型的物流管理系统。物流管理系统应该建立在维护环境可持续发展的基础上，改变传统的发展与物流、消费生活与物流的单向作用关系，在消除物流对环境造成危害的同时，形成一种能促进经济与消费全面健康发展的物流系统，即向绿色物流转变。因此，现代绿色物流管理更着眼于全局和长远的利益，强调全方位关注环境保护，实现企业绿色发展，是一种新的物流管理趋势。

项目总结

在电子商务时代，由于企业销售范围不断扩大，企业和商业销售方式及消费者购买方式的转变，使物流配送成为一项极为重要的服务性业务，促进了物流行业的兴起与发展。物流行业在电子商务环境下呈现出一定优势。

效果评价

一、填空题

1. 仓库选址要遵循（　　）、（　　）、（　　）、（　　）四个原则。
2. 仓储中心功能分区应当包括（　　）、（　　）、（　　）、（　　）、（　　）、（　　）等一系列功能区域。
3. 现代仓库总体平面规划一般可以划分为（　　）、（　　）、（　　）三大部分。
4. 条形码技术的特点包括（　　）、（　　）、（　　）、（　　）。
5. 仓储管理信息系统主要由（　　）、（　　）、（　　）、（　　）四部分组成。

二、选择题

1. 果蔬食品仓库的选址一般应在（　　）

A. 城郊的独立地段

B. 城市边缘，对外交通运输干线附近

C. 入城干道处

D. 加工厂、毛皮处理厂等附近

2. 对 ABC 分类法中的 A 类商品，管理重点应该是（   ）

A. 压缩库存，精心管理

B. 简化库存，定期清理

C. 按照经营方针及时调整库存

D. 常规管理即可

3. WMS 中的条形码管理属于（   ）子系统

A. 入库管理

B. 出库管理

C. 数据管理

D. 系统管理

三、简答题

1. 仓库选址应考虑哪些因素？
2. 仓库货区布置的基本思路有哪些？
3. 实施 WMS 软件能给仓库带来哪些效益？

参 考 文 献

[1] 水藏玺,吴新平. 互联网+中外电商发展路线图 [M]. 北京:中国纺织出版社,2017.
[2] 葛存山. 淘宝店铺经营管理一册通 [M]. 北京:人民邮电出版社,2014.
[3] 葛存山. 电商运营与推广 [M]. 北京:人民邮电出版社,2017.
[4] 京东大学电商学院. 京东平台视觉营销 [M]. 北京:电子工业出版社,2018.
[5] 孙秋高. 仓储管理实务 [M]. 北京:电子工业出版社,2020.
[6] 王皓,曾毅,刘钢. 仓储管理 [M]. 北京:电子工业出版社,2013.